蝶变

民企掌门人

太仓日报社 编

中国·苏州
古吴轩出版社

图书在版编目（CIP）数据

蝶变民企掌门人 / 太仓日报社编. — 苏州：古吴轩出版社，2018.9
 ISBN 978-7-5546-1188-3

Ⅰ.①蝶… Ⅱ.①太… Ⅲ.①私营企业—企业家—生平事迹—太仓 Ⅳ.①K825.38

中国版本图书馆CIP数据核字（2018）第171627号

责任编辑：俞　都
见习编辑：王　芳
装帧设计：杨　洁
责任校对：徐小良　吕丽静
责任照排：沈一飞

书　　名	蝶变民企掌门人
编　　者	太仓日报社
出版发行	古吴轩出版社

地址：苏州市十梓街458号　　邮编：215006
Http://www.guwuxuancbs.com　　E-mail:gwxcbs@126.com
电话：0512-65233679　　传真：0512-65220750

出 版 人	钱经纬
印　　刷	苏州日报印刷中心
开　　本	787×1092　1/16
印　　张	14.5
版　　次	2018年9月第1版　第1次印刷
书　　号	ISBN 978-7-5546-1188-3
定　　价	58.00元

如有印装质量问题，请与印刷厂联系。0512-65640827

编委会主任：

吴忠良　万芬奇　凌晓波　汤文英　顾肖峰

编委会副主任：

唐正道　沈美林　王益清　金佳敏　周　斌

编委会成员：

丁　曜　虞　斐　王武兵　张廷波　仇春意
李孝忠　戴周华　杨　芳　周　琦　张　立
薛海荣　肖　朋　王　硕　王　俊

主　编：张　忠

副主编：周　斌

执行主编：李孝忠

美术编辑：顾建峰　朱明波

版面设计：王志强　苏　茜

摄　影：姚建平　计海新

序一

创新正当时,转型在路上。迈过那个"槛",便破茧化蝶。

有人说,掌门人成就了民企。也有人说,民企成就了掌门人。不管是谁成就了谁,新常态下都离不开创新转型。一旦离开了创新转型,谁也成就不了谁,更迈不过那个"槛"。

开门七件事,柴米油盐酱醋茶,掌门人想躲躲不了,想绕绕不开。不管是刮风下雨,还是寒冬酷暑,这些都得盘算在心头,更有客户的"痒点""痛点"如何破题?品牌打响,产品俏销,市场拓展,利润增加,贡献增多……所掌的企业便升级了。

新时代是创新转型的"出卷人",掌门人是创新转型的"答卷人"。在太仓这方热土上,围绕答好"创新四问"和迈向中高端,太仓的民企掌门人闻鸡起舞,风餐露宿,以"智者思维"描绘新蓝图、新构想,以"工匠精神"打磨新技术、新产品,以"愚公之志"开辟新业态、新市场,熔铸出了太仓"两地两城"绵延起伏的精神山脉。

一只两只三四只,五只六只七八只,九只十只化蝶飞,飞入中华"百花园"。看"百花园"里,创新转型中,他们伴着花香成长,挥动双翼飞翔,不改的是"太仓乡音"。

矫健的翔姿,甜美的乡音,令人迷恋,令人牵挂。值此,太仓市经济和信息化委员会、太仓市科技局、太仓市财政局、太仓市工商业联合会与太仓日报社策划推出"创富故事——答好创新四问,加快转型升级"系列报道,优选其中优秀报道辑录《蝶变民企掌门人》一书,以展示"蝶变"民企掌门人的风采,向改革开放40周年献礼,弘扬企业家精神,激励更多的民企掌门人踏上新征程,拥抱"1123",争做新时代表率,合力"扇动"高质量发展的"太仓车轮",谱写出新时代太仓发展的华美新篇章。

2017年11月8日,"创富故事——答好创新四问,加快转型升级"系列报道获评苏州市新闻战线2017年度"走转改"活动优秀项目二等奖。在苏州这一奖项中,《太仓日报》获得了苏州市(县)区媒体最高奖项,也与读者分享共勉。

《蝶变民企掌门人》编委会
2018年1月28日

序二

厚植民营经济高质量发展新优势

党的十九大报告指出:"必须坚持和完善我国社会主义基本经济制度和分配制度,毫不动摇巩固和发展公有制经济,毫不动摇鼓励、支持、引导非公有制经济发展。"2017年,太仓市民营经济抢抓国家"一带一路"倡议和长江经济带发展战略机遇,主动对接"中国制造2025"和互联网+,坚持"稳增长、优结构,促新兴、提传统,抓项目、强动力"的主基调,大力实施"扶优扶强重点民营企业1123行动计划",取得了高质量发展的良好成效。民营工业累计实现工业总产值1199亿元,同比增长0.08%,占全市工业的45.27%;实现主营业务收入1079亿元,占全市工业的43.52%;完成利税总额65.58亿元,同比下降5.14%,占全市工业的27.92%;完成利润总额40.37亿元,占全市工业的25.25%。新注册私营企业和个体工商户分别为5792户、9926户;新登记注册资本总额317.7亿元,同比增长56.72%,净增注册资本388.3亿元,同比增长52.27%。

首先,以优化产业空间布局,彰显民营经济特色来厚植民营经济高质量发展新优势。结合沿江沿沪的独特区位优势,太仓优化空间布局,构建

"2+5"的产业布局,打造8大特色产业园区。太仓港经济技术开发区晋升"国家队",与太仓高新技术开发区一起成为全市工业经济发展的主要载体,形成了全国重要的新能源装备产业基地、亚洲最大的纸业基地、国内最大的高级润滑油基地、华东地区规模最大的干货集装箱基地、华东最大的电力生产基地和全国德资企业最密集的地区之一。8大特色产业园区中,中德中小企业合作园、太仓港新材料产业园获得国家级授牌;太仓港重大装备产业园、太仓港新能源产业园、城厢镇科技产业园、沙溪生物医药产业园获得江苏省级授牌;高新区精密机械产业园、璜泾纤维新材料产业园获得苏州市级授牌。得益于空间布局的优化,民营经济正在加速构建风力发电整机、太阳能光伏发电系统、新能源汽车、通用及专用装备、高科技新药等有较高含金量的特色产业链。

其次,以大力发展新兴产业,增强新兴产业的贡献率来厚植民营经济高质量发展新优势。为适应国家产业发展方向,太仓重点推进高端装备制造、新材料、生物医药三大战略性新兴产业发展,加快培育新一代信息技术、机器人和智能装备等产业。全市274家列统新兴产业民营企业占141席,2017年实现工业总产值411.5亿元,同比增长12.74%;实现主营业务收入388.05亿元,同比增长4.91%。新兴产业中,节能环保、集成电路以及智能电网和物联网业发展较快,产值取得两位数增长,产值分别同比增长51.56%、18.3%和10.42%。节能环保业苏州贯龙电磁线有限公司、集成电路产业日立数据系统制造有限公司、智能电网和物联网业太仓市同维电子有限公司等重点民营企业紧紧抓住市场瞬变和转型升级机遇,不断发展壮大。例如,氢燃料电池具有无污染无噪声等优点,往返于太空和地球之间的"阿波罗"飞船就安装了这种体积小、容量大的装置。德威新材收购美国氢燃料电池公司并参股其母公司,计划把这一技术引到国内,促进中国的氢燃料电池产业的发展。

再次,以民企主动对接德企,民企加快智能制造步伐来厚植民营经济高质量发展新优势。太仓集聚了280多家德资企业,被工信部授予全国唯一的中德(太仓)中小企业合作示范区。利用这一优势,太仓推动民企与德企开展多方面合作,促进中德企业围绕先进制造模式在太仓深度对接,组织民企参加"杜塞尔多夫太仓日活动",参加工信部组织的中德合作交流班,走进德企托克斯和爱科空调,开展2017中德"隐形冠军"峰会系列活动,邀请"隐形冠军"之父赫尔曼·西蒙教授、中德两国隐形冠军企业代表出席,促进300多家民企与德企在技术合作、人才、资本等方面形成了较为稳定的合作关系。同时,建立太仓市智能制造计划项目库,共有124个企业项目入选《太仓市2017年智能制造计划项目库》,7家企业获评省级示范智能车间,多家企业入选省"企企通"建设试点企业名单。

最后,以全面推进科技创新,弘扬创业创新文化来厚植民营经济高质量发展新优势。太仓全面推进科技创新"五百工程",加快建设"双创"综合服务平台,在全社会塑造鼓励创新、宽容失败的创业创新文化,推动各功能载体聚焦创新,形成科技、金融、文化等叠加效应,打造创新"摇篮"、人才高地,促进创新、创业、创客有机结合。2017年,全社会研发经费投入占地区生产总值比重达2.5%,万人有效发明专利拥有量达44件,新增高新技术企业78家、省民营科技企业191家、高新技术产品257个,高新技术产业产值占规模以上工业产值比重达45.1%。从上海迁移到太仓以来,保捷锻压建成了国家级材料实验室,主导起草锻压行业协会的《精锻行业标准》,形成了单独铸造到小总装、内燃机汽车部件到新能源汽车部件、人工操作为主到机械手操作占50%和普通成型到高精度成型、高速成型的"四横四纵"模式,现在八成订单来自世界500强,年产值持续实现两位数增长。

在厚植民营经济高质量发展新优势中，太仓大力弘扬"店小二"精神，激发民营企业创业干事的精气神。太仓实施"扶优扶强重点民营企业1123行动计划"，即到"十三五"期末，扶优扶强100家现有骨干民营企业，引进培育100家以上优势民营科技企业，形成20家以上的民营IPO上市后备企业，培育30家民营"小巨人"企业。围绕这一行动计划的实施，太仓出台实施"1+X"系列政策，加快2亿元科技人才专项资金运作，加强信息搜集和专题调研，开展金融创新服务暨银企合作活动日，指导民营自主品牌大企业与领军企业设立先进技术研究院，开展企业高级职业经理人培训班等各种形式培训活动，组织企业参加苏州名优新产品、中博会等各类展销会，有力促进了民营经济发展。截至2017年底，太仓民营经济市场主体累计达7.99万户，同比增长19.79%，其中：个体工商户和私营企业分别达5.4万户和2.59万户，同比增长17.65%和24.52%。

中国特色社会主义进入新时代，党的十九大报告就鼓励支持民营经济发展做出了许多新的重大论述，为我国民营经济持续健康发展指明了方向，标志着我国民营经济将迎来新的历史机遇和进入一个新的发展阶段。在十九大精神鼓舞下，太仓市民营经济必将在新发展理念指导下取得更高质量、更有效率、更加公平、更可持续的发展，为高质量建设"两地两城"，为建设"现代田园城、幸福金太仓"，为全力谱写新时代太仓发展新篇章做出更大的贡献。

（□方世南／文）

(作者系苏州大学教授、博士生导师、享受国务院政府特殊津贴专家)

目录

序一 ·· 《蝶变民企掌门人》编委会
序二 ··· 方世南
顾振其:驰而不息树标杆 ·· 002
周建明:用绝缘材料绘就精彩人生 ······································· 008
黄耀臻:探路循环经济产业园 ··· 014
杨春雨:执掌五洋集团"帅旗" ··· 020
刘枫:4年育出行业前3强企业 ··· 026
魏建良:掌舵电缆料"航母" ··· 032
黄鼎其:"智缝"顶级男装品 ··· 038
管星宇:向善向上展新业 ··· 044
蔡彤:启明手性技术产业 ··· 050
马志刚:专注核电密封件 ··· 058
高金岗:睿智行走在人造革"T台" ······································· 064
谢东奎:一口"锅"炒出5个亿 ··· 068
闻建中:让制冷设备更聪明 ··· 074
何汉朝:引路中国链传动行业 ··· 080
蔡国华:挑战"德国师傅"高精尖 ··· 084
汤旭东:给激光焊接装上"大脑" ··· 088
刘少波:传承汽配产业的工匠精神 ······································· 092
张义忠:一天烹出万盒放心快餐 ··· 098

刘彦付:筑梦顶级精密机械	102
费元明:抢占水性漆制高点	108
张杰:从建筑小工变身百强汽修厂老板	114
张鲁春:为"智造"增添"智能"元素	120
杨文奎:善抓机遇转型成功	126
朱鸽:开"医院"不开"药店"	132
施积仁和他的"桌腿"经营观	138
雷和朝:用自主芯片让国外感知"中国温度"	144
陈楚柱:由问题少年蜕变电竞老板	150
张忠明:给大牌保温杯穿上时尚"外衣"	154
曹超伟:瞄准风口"二次创业"	158
陆志强:勇当"敢吃螃蟹"的弄潮儿	164
廖东民:心中始终有个"造车梦"	170
张红斌:做敢闯大市场的"小舢板"	174
吴东方:争执光纤传感业"牛耳"	178
林义博:搭上"一带一路"快车	182
毕重生:十年磨出光电材"一剑"	188
张娜:走出阿里巴巴 "保育"跨境电商	192
顾真源:走在IT极客的路上	198
周玲:与母婴用品结缘20年	202
张家奇:逐梦智能制造	206
姜洪权:用摩擦"焊强"人生	210
万永钢:研发世界一流医疗产品	214

谨以《蝶变民企掌门人》一书,向改革开放40周年献礼,弘扬企业家精神,激励更多的民企掌门人踏上新征程,拥抱「1123」,争做新时代表率,合力「扇动」高质量发展的「太仓车轮」,谱写出新时代太仓发展的华美篇章。

纤维新材料、生物医药、金融投资三强鼎立，培育出5家上市公司。在创新转型征程中——

顾振其：驰而不息树标杆

推进北京昭衍新药研究中心股份有限公司在上交所上市，筹划太仓振辉化纤有限公司重大技改项目，寻觅香塘金融板块的新型投资项目……香塘集团有限公司董事长、总经理顾振其的日程安排得满满当当。2017年10月9日，他在接待客商的空隙接受了笔者采访。

从父亲顾建平手中接过"接力棒"以来，顾振其开拓进取，驰而不息，广揽高端人才，整合优势资源，加快创新转型，升级化纤加弹，拓展生物医药，进军金融投资，培育出了5家上市公司，使得香塘集团年营收突破50亿元，成为我市民营企业的标杆。他先后获评全国乡镇企业家、江苏省劳动模范、苏州市开放型经济工作先进个人、"带头创业致富、带领群众致富"标兵、太仓优秀民营企业实业家等殊荣。

调整结构振辉率先盈利

聚合装置、纺丝线、加弹机等设备高效运转,1500多名员工紧张忙碌。2017年10月9日,笔者来到太仓振辉化纤有限公司采访,看到的是一片产销两旺的景象,听到的是企业连续16个月盈利的喜讯。

"我们装备设施的产能跟过去相比没有变化,但是内部结构、工艺技术发生了很大变化。"顾振其介绍说。作为香塘集团旗下的企业,振辉化纤与周边同行一样,也曾举步维艰,差点揭不开锅。在产能扩张过度与需求疲软无力的双重作用下,化纤行业自2011年第三季度开始下行,振辉化纤未能幸免,毕竟这个下行周期的时间太长。今年54岁的顾振其意味深长地说:"从原丝,到加弹、织造、染色、纺织品,一般是3年一个小周期,行业低谷一般也是3年左右。但是这次调整延续了2个小周期,也就是6年时间。"

面对行业的深度调整,2005年就进入化纤行业的顾振其广揽高端人才,精准对接市场变化。在拥有年产40万吨聚酯熔体和18条直接纺涤纶长丝生产线的基础上,振辉团队引进国外先进的86台高速加弹机,与终端客户深化合作,延伸拓宽感知终端市场的触角,把准终端市场脉搏。根据市场需求,他带领振辉团队筹集4000多万元资金,改善纺丝等生产线,提升产品档次,改善生产环境,做精做专差异化产品,提升特色产品的附加值,从而在行业内率先盈利。

"我们要增强忧患意识,利用'晴天'补好'屋漏之处'。"面对行业今后新调整怎么办这一话题,顾振其表示,他们将再投入超亿元资金进行技术改造,进一步提升振辉对差别化、高档次、多品种的市场适应能力,加速拓展纤维新材料产业。振辉要踩准化纤智能化趋势,与科研院所、专业机构深化合作,加快智能化车间、智能工厂建设,大力拓展互联网+化纤。

诚信"捡到"5家上市公司

2017年8月25日,昭衍新药在上交所挂牌上市,成为香塘集团投资的第5家上市公司。"如果没有诚信立企,没有'救人水火''风雨同舟'的胸怀,我们恐怕要和这5家上市公司擦肩而过。"顾振其坦露香塘金融投资板块成功的秘笈。

时间回溯到20世纪90年代,当时的香塘鞋厂出口到日本的绣鞋要开信用证,日本的合作伙伴委托朝阳贸易有限公司开具证明。3年以后,这家日本企业十分信任香塘鞋厂当时的掌舵人顾建平,认为可以直接和他做生意,不需要再开具信用证。开具信用证需要不菲的费用,一般人会毫不犹豫地应承下来,但是顾建平拒绝了。"我不能过河拆桥。"顾建平说。于是香塘鞋厂仍然每年贴补对方公司一半的开证费,朝阳贸易的老板得知这一情况后十分感动。

后来朝阳贸易的老板主动牵线搭桥,香塘集团对接上了北京昭衍新药

研究中心。得知北京昭衍新药研究中心的一个生物医药项目前景很好,但是缺少资金。香塘集团立即斥资3000万元,一起组建了舒泰神药业(北京)有限公司,资助科研人员成功研发出生物技术新药——神经生成因子。不久,神经生成因子被认定为"国家一类新药",列入了"国家基本药物医保目录",助力舒泰神药业(北京)有限公司于2011年4月15日成功挂牌创业板。

受父亲的影响,顾振其一直把诚信经营作为立企之本。"中小企业是区域经济的核心和基础,是区域竞争力的根本来源,我们必须推进中小企业加快转型升级。"信守承诺的他带领香塘担保公司为全市1500多家中心企业提供融资担保服务,其中90%以上是制造业企业,累计贷款担保金额超过140亿元,为化解中小企业融资难做出了积极贡献,香塘担保也成为全省担保行业第一家和我市第二家挂牌新三板企业。

2007年起,顾振其带领香塘金融投资板块介入创投业务,成立我市首家创投公司,与城投公司合作成立科贷公司,与港区、城投及社会资本共同发起成立总规模达10亿元的产业投资基金,该基金由香塘集团发起成立

的衍赢投资管理公司管理,并优先投向太仓本地创新型制造业企业。由于注重诚信立企,香塘集团投资的项目已有2家在创业板上市,1家在上海主板上市,1家申报上海主板,在证监会排队审核中,2家在新三板挂牌,1家被上市公司收购控股。2014年,香塘与南京金茂共同发起及管理了一个生物医药专项基金,其中有2家预计在今年申报IPO。

先人一步培育生物医药

2014年11月7日,深圳信立泰药业股份有限公司发布第三届董事会第六次会议决议公告,收购苏州金盟生物技术有限公司24.06%的股权,通过增资最终持有苏州金盟58%的股权,收购苏州金盟持有的成都金凯生物技术有限公司80%的股权。这是香塘生物医药板块茁壮成长的一个镜头。

生物医药产业是21世纪最具活力和发展前景的产业之一。在与北京昭衍新药研究中心合作的过程中,顾振其看到了生物医药产业的美好前景,先人一步组建昭衍(苏州)新药研究中心,助力我市在沙溪建立生物医药产业园。昭衍(苏州)新药研究中心有限公司的主建筑——七角大楼融古典与现代为一体,成为太仓一道亮丽的风景线和独特的地标性建筑,致力为药物研发机构提供药物筛选、药效学研究、药代动力学研究、安全性评价、生物技术产品研究开发服务及实验动物和动物试验服务。现在,这里已经成为亚洲第一、国际上最好的新药临床前研究中心之一。

对于入驻生物医药产业园的项目,顾振其带领金融投资板块提供资金支持和新药研究服务,促进思坦康、思坦维、金盟、赫森、康乃德、金普诺安等多家生物医药企业茁壮成长。金盟有序推进基因药物、药品、化妆品、保健食品的研发及技术服务,正在3期临床的重组人甲状旁腺激素冻干粉针,被称作重磅炸弹型的骨质疏松治疗药物、完成2期临床的重组人角质细胞生长因子冻干粉针即将报批生产;建成了哺乳动物细胞表达系统原料生产线、大肠杆菌表达系统原料生产线、冻干粉针线、水针制剂灌装线和卡式瓶灌装线。因看好金盟丰富的产品管线和强大的预期收益能力,信立泰收购金盟布局生物药物产业化基地。

在顾振其带领的香塘集团的助推下,我市生物医药产业园从无到有,从起步到培育,得到快速发展。截至去年底,园区有高新技术企业11家,年产值超亿元企业19家,企业公共技术平台3家。园区内生命科学产业拥有国家"千人计划"人才4人,江苏省"创新团队"3个,江苏省"双创"人才15人,姑苏创新创业领军人才17人和太仓创新创业领军人才50人;拥有企业院士工作站1个,企业博士后科研工作站2个,企业研究生工作站7个。近3年,园区获得授权发明专利125项,申请发明专利428项,企业承担省部级以上各类科技项目30余项,园区获得江苏省科技产业园、江苏省科技兴贸创新基地、国家火炬太仓生物医药特色产业基地、苏州市现代服务业集聚区和"江苏省级科技企业孵化器"等荣誉称号。

回望香塘集团转型升级的征程,顾振其没有自满。他表示,今后将驰而不息,创新转型,争取早日把香塘集团打造成一个百亿级企业,为地方发展做出更大贡献。

(□李孝忠/文 姚建平/图)

凭借超前创新意识、坚韧不拔的毅力,他用9年时间兑现一个诺言,打造出了一家上市公司。如今,他带领企业拓展海外氢燃料电池产业,从行业跟随者转向引领者——

周建明:用绝缘材料绘就精彩人生

漂亮的标准厂房里,干净整洁的生产线有序地转动,一袋袋优质产品源源不断地下线,6大系列数百个规格的产品受到了风力、火力、核电、汽车、船舶、铁路、家电、通信、建筑等领域客户的追捧。最近,笔者来到江苏德威新材料股份有限公司采访,看到的是一派紧张忙碌的景象。董事长周建明高兴地说,每部国产轿车上都有德威的绝缘材料产品。

凭借超前的创新意识和坚韧不拔的毅力,周建明用绝缘材料绘就了一幅美丽画卷。他白手起家,创新创业,带领德威建成了江苏省企业技术中心、江苏省(德威)高分子特种新材料工程技术中心、江苏省研究生工作站,布局长三角、安徽、河南、深圳、重庆等中心地带,向供应链管理与军工新能源领域进军,打造出了国家火炬计划重点高新技术企业、江苏省高新技术企业、江苏省创新型企业、江苏省优秀民营企业和挂牌深交所的上市公司。"德威"商标成为中国驰名商标,产品成为江苏省名牌产品,远销至东南亚、中东和欧美等地区。他本人获评全国乡镇优秀企业家,江苏省劳动模范、优秀民营企业家、科技成果三等奖以及苏州市科技成果二等奖等殊荣。

辞职下海追逐创业梦想

周建明说:"我喜欢看书读报,深受步鑫生、马胜利等企业家的影响,觉得每一个人都应当有自己的抱负与志向。"周建明于1964年10月出生在沙溪镇一个普通家庭,先后在沙溪化肥厂、造纸机械厂打过零工,在邮电局端过"铁饭碗"。由于不甘平庸与平淡,1995年底,他瞒着家人辞职下海,艰难前行追逐自己的梦想。

周建明在邮电局工作过10年,对电线电缆较为熟悉。电气化离不开电线电缆,而电线电缆又离不开绝缘材料。这既是个冷门,又是个朝阳产业。经过一段时间的市场调研,周建明注册成立了德威实业有限公司,注册资本550万元。当时的民营企业注册资本一般只有50万元,但周建明意识到,企业要发展壮大,必须有高起点。

那时的德威困难重重,厂房是租来的,要人才没人才,要客户没客户。周建明清楚地记得,德威的第一家客户是常熟一家电热毯厂。第一次,他租了一辆三轮车上门,人家没有理睬。他毫不气馁,第二次、第三次、第四次、第五次上门,结果依然一样,原因很简单,那时的德威是一个"三无"企业。对照客户的标准,他对下线产品进行了严格检验,进而第六次上门,说先给你1吨试用,不满意,分文不收。试用后,这家电热毯厂感觉非常满意,用量稳步增长,后来达到了30吨。

正是凭着这股韧劲,周建明的客户稳步增多,就在这时资金又成为企业的短板。周建明通过一个老乡的关系获得了每个月100吨的聚乙烯树脂粉计划,再找来一家电器厂购买电缆料,由德威为这家电器厂进行来料加工。这既帮助这家电器厂获得了更高利润,又解决了自家的资金不足难题。

3万元把德威推向全国

"这个认证必须做,质量是企业的生命。"第一步成功了,第二步如何走,实在大有讲究。1997年的一次股东会议上,周建明斩钉截铁地表示,必须拿50万元做ISO9002质量体系国际认证。

在周建明的坚持下,企业终于通过了国际权威认证机构挪威船级社(DNV)的ISO9002:1994质量体系国际认证。他又举债3万元在上海造币厂制作了1000多个ISO质量体系认证纪念章,到珠海参加全国电线电缆展销会。在展销会上,周建明请挪威船级社为德威公司颁发认证证书。这一举动引起了不小的轰动,取得了出人意料的效果,顺利把德威推向了全国。

有了挪威船级社颁发的认证证书这一金字招牌,不久德威成了宝钢二期、三期工程指定绝缘材料的供应商。此后,德威的产品通过美标、德标、法标、日标认证,与德尔福、丰田佳美等世界大品牌直接配套,还跟索尼的电视机网络线配套,系该产品指定供应商。

栽下梧桐树引得凤凰栖

一个企业要生存发展,人才永远是不可或缺的。周建明深谙其理。

人才哪里来?周建明乘坐公共汽车来到上海东华大学高分子材料学院。"德威是个小厂,厂房还是租赁来的,我能提供给你们的,就是一个创业的平台。"当着几位大学生的面,他开诚布公,"用朝前看的眼光来看,企业有很大的发展空间,你们到我厂里,就是与我一起创业,我们一起干3年,如果3年后企业还是原地踏步,我送你们走,决不食言。"周建明对创业的激情,对未来的憧憬,终于打动了6位大学生的心。

栽下梧桐树,帮助德威引来了6个大学生,引来了国内外材料行业的知名专家,引来了苏州大学、东华大学、上海电缆所、东南大学等国内高校和研究所的产学研合作伙伴,建起了以老技术专家、中年技术骨干、青年技术储备人才有机结合的科研团队。有一次,上海一家单位请他们开发耐寒塑料绝缘体,这是一种新型产品,可对方要求一星期交货。面对这近乎苛刻的条件,他组织工程技术人员日夜攻关。为给技术人员鼓劲,他一直坚持在现场,陪到深夜两点多,令工程技术人员大为感动。大家集思广益,终于提前研发出产品,赢得了上海客商的订单。

有了人才,德威的科技研发和创新步伐不断加快。近3年,德威获得省高新技术产品17项,11项产品通过省级新产品新技术鉴定,1项产品通过国家级新产品鉴定,国家火炬计划立项2个,国家、省重点新产品各1项;现拥有授权国家发明专利28项,实用新型专利3项。

9年交出一份上市答卷

2012年6月1日,德威新材在深交所创业板成功上市,股票代码300325。就是这一天,德威用资本市场的鲜明标志,向人们宣告其成为太仓

首家民营企业上市公司,股票市场平稳向上的 K 线,画出了企业冲击到又一高度的轨迹。

德威上市历经了 9 年的不懈奋斗与努力。早在 2003 年 7 月,以优异成绩获得上海交通大学 MBA 文凭的周建明就表示,今天的这份答卷不算合格,他要打造一家上市公司,用上市的实绩来交上一份考核学习成效的答卷。而那时,太仓尚无一家上市企业。

在有些企业家眼里,上市是高不可攀的,工作量巨大,过程痛苦,经济上还先得有不小的付出。虽然企业上市后有大量资金涌入,但上市后的企业,财务得公开、透明,一切都得阳光操作。如无雄心大志,就不会去找这个麻烦,但周建明认定,企业要发展,特别是民营企业要大发展,资本的力量是巨大的,股份制公司是一个途径,上市是更上一个层次的发展途径。

围绕上市目标,周建明与多家证券公司接触,按照上市标准改善、提高企业的经营管理水平,兼并扩展,建立常州德威以及扬州德威,引进股东优化股权,购进国外高端设备。有进入就有退出,2006年,一批股东要求退股,甚至一些高管也要求退股。顶住压力,周建明又引进了蓝一基金、国发信托……随着一个个难题的破解,德威最终在深交所敲响了上市的钟声。

现在的德威,不是代表太仓、代表苏州、代表江苏,而是代表中国。

借力资本力量跨出海外

2016年1月10日,德威研制的"110kV电缆用超光滑半导电屏蔽料"产品通过中国电器工业协会电线电缆分会组织、上海电缆研究所以及部分大型电缆企业参加的国家级新产品鉴定。鉴定委员会认为:"该产品填补了国内空白,综合技术水平达到国内领先。同意通过新产品鉴定,可以投入批量生产。"

该新产品属于国家政策重点支持和鼓励发展的高新技术产品,已经在港区分厂投入批量生产。周建明表示,自上市以来,他们不断加快发展步伐,投资1.9亿元建成了港区分厂,定向增发募集6亿元资金,其中4.3亿元投入建设滁州工厂,把高端电缆料年产能从8万吨扩大到20万吨……

周建明还带领德威从行业跟随者转向引领者。最近,德威出资2000万美元收购了美国氢燃料电池公司并参股其母公司。氢燃料电池通过电化学反应产生电流,而不是采用燃烧或储能方式,具有无污染无噪声等优点。往返于太空和地球之间的"阿波罗"飞船就安装了这种体积小、容量大的装置,当前正在向发电和汽车等领域拓展。今后,德威将把这一技术引进到国内,引领中国的氢燃料电池产业的发展。

周建明表示,未来德威将依托创新团队,全面提升公司各方面的实力,为实现"德播五洲,威震四海"的愿景而努力奋斗。

(□李孝忠/文 姚建平/图)

十二年,他从普通技术员升任集团董事长;十二年,他把濒临解体的公司打造成循环经济的典范——

黄耀臻:探路循环经济产业园

到灌南检查17兆瓦农光互补光伏发电项目运行情况,加快筹建热电联产项目,回太仓洽谈循环经济产业园的拓展事宜……苏州市宏达集团有限公司董事长、总经理黄耀臻的行程排得满满的。要采访他并不是一件容易的事情,连续预约了几次,2017年6月11日他才抽空接受了笔者采访。

黄耀臻的青春年华都奉献给了电力事业。调入宏达集团的第一个"十二年",他脚踏实地,兢兢业业,从班组技术人员走到了班长、生技科长岗位,进而成为集团董事长兼总经理。第二个"十二年",他带领全体干部职工,攻坚克难,奋力拼搏,将一个濒临解体的公司带上了良性可持续发展的道路,集团产值比2005年增长了3倍,成为沙溪镇第一纳税大户,先后摘获苏州市循环经济试点企业、苏州市百佳民营企业、苏州市节能工作先进集体、苏州市优秀民营企业、苏州市信用管理示范企业、江苏省高成长型中小企业、江苏省价格诚信单位、江苏省民营科技企业、全国环保优秀品牌企业等奖牌。为此,他连续三年获评苏州市优秀民营企业家,并获得苏州市五一劳动奖章等荣誉。

抓节能技改增效破危局

中等身材的黄耀臻,1969年出生于浏河,1987年毕业于东北水利水电专科学校,1990年分配到徐州大屯电厂工作,1993年8月以专业技术人员的身份调入苏州市宏达集团有限公司。从普通的班组技术人员干起,他不计个人得失,刻苦钻研业务,逐渐脱颖而出,升任班长、生技科长,最后成为集团董事长兼总经理。

宏达集团由太仓宏达热电厂、苏州宏达酶制剂有限公司等8家单位联合创建。2005年黄耀臻上任时,宏达热电是一个濒危企业。当时,公司资金链近乎断裂,生产用煤储备不足3天,人心涣散,人才流失。面对燃眉之急,他重用人才,改进管理,选择质优价廉的煤源,很快公司起死回生,扭亏为盈。

黄耀臻深知,"短平快"的成效缺少续航能力,要让公司持续健康发展,必须根治痼疾。当时,机组发一千瓦时电煤耗已破千克,接近建厂时的2倍,吨煤成本更是翻了几番,而解决这一问题的良方只能是淘汰落后设备,引进先进工艺。在企业刚缓过神、银行贷不到款的重重困难下,他向亲戚朋友筹借,以自家的房产进行抵押,2006年他主导推进的100吨煤粉炉技改工程圆满完成,机组能耗一下回降了超过一半。

尝到技改的甜头后,他又顶住金融危机、上游煤价大涨、下游企业减产等巨大压力,引进中高压参数叠置新技术,开展了130吨煤粉炉和6000千瓦抽背机建设工程。2009年初,这一工程竣工投产,把热效率提高了90%以上,年节约标煤11500吨,被列为国家发改委节能技术改造财政奖励项目。

此后，他马不停蹄地推进 2 台中温中压背压机改造、2 台循环流化床锅炉改造、1 台高温高压背压机改造……持续开展节能技改，公司走上了良性发展的轨道，2016 年发电煤耗仅 237.44 克每千瓦时，在国内同行业中处于领先地位。

拓管网集中供热扩规模

新工艺、新装备的应用，大幅降低了生产成本，也使宏达热电生产能力得到了提升，但受供热管道老化、保温技术落后、管网覆盖范围小、下游企业数量少且用热量少等因素限制，产能的利用率不高，如何破解这一难题？黄耀臻团队开展深入调研。

那时的太仓，正在推进"蓝天工程"和环保模范城市建设，节能环保政策日益趋紧，这势必会倒逼越来越多的企业淘汰高耗能、高污染的工业小锅炉。而集中供热是替代分散式工业小锅炉的重要途径，"长输热网方法""低能耗输送蒸汽管系统"等发明专利为长距离集中供热提供了技术支撑。为此，黄耀臻带领宏达热电斥资 1 亿多元，率先利用国内最先进的大口径长输供热管网专利技术，开工建设了南至广州路、北至归庄，总长达 40 公里左右的两条供热母管。

随着供热半径内的 130 多家企业纳入集中供热范畴，沿线 155 台工业小锅炉顺利拔除，产生了极其可观的经济效益和社会效益。据测算，宏达热电集中供热一年可为社会节约标煤 3 万多吨、减排二氧化碳 2 万吨、减排二氧化硫 582 吨。

印染企业的自有导热油锅炉热效率低，除尘脱硫简易，安全可靠性差，投资较高，不利于节能减排，维护成本高，还存在高温起火的危险。为解决印染行业的公认难题，黄耀臻带队外出考察，结合省外成功案例和周边印染企业特色，制订了中压蒸汽加热空气进行定型并梯级利用热能的技术方案。

2014年10月,公司自建中压蒸汽管道至周边印染企业,输送中压蒸汽进行定型试验成功,这一技术申报了"一种蒸汽定型机"的国家发明专利。该方案的应用,在苏州市内为首次,现已逐步推广至常熟、吴江等地。

联手外企培壮生物制酶

经连续3次扩建后,苏州宏达制酶有限公司产量在原来小规模生产的基础上增长了10倍,跃居成为全球发酵能力最大的酶制剂工厂。笔者走进其工厂内部,厂房颜色鲜艳的外墙,车间火热的生产场景,展现着宏达制酶在不断转型升级中日益壮大、蓬勃发展。

宏达制酶由宏达集团与丹麦诺维信合资组建,销售收入占宏达集团的70%以上,它的培育壮大对宏达集团核心竞争力的提升、产业结构调整的作用不容置疑。诺维信是全球最大的环境微生物制剂及配方的开发和制造商,拥有4600多项专利技术的资源优势,其多样性、全方位的产品在国内外市场一直享有盛誉,具有做强宏达制酶的实力和扩大全球市场的内在需求。因此,黄耀臻在依托传统产业建设循环经济产业链和集中供热产业链的同时,致力推动宏达制酶做大做强。

为改善外商投资环境,黄耀臻带领宏达集团特地建设了制酶供热专线和供电设施,在供热供电价格上给予最大优惠,在工程建设上给予人力支援和技术支援,协调解决宏达制酶土地资源及相关批复。在他的努力下,外商连续投资7.9亿元,完成了年产近6万吨酶制剂的催化剂新产品项目技改扩建,产能提升10倍,发酵水平达到国内同行的5倍,主要产品也由早先的以糖化酶、抛光酶、宽温幅退浆酶为主转向生产应用于燃料乙醇和汽油醇领域的第二代能源替代型产品专用酶,应用于燃料乙醇生产的专用高效酶制剂销量已占全球55%。

中国南方市场对酶制剂企业布局中国具有极为重要的战略意义。自

2012年9月起,黄耀臻支持宏达制酶贴近南方市场,建设酶制剂全国供应链枢纽。2013年6月,集仓储、贸易、加工、物流于一体的华东供应链中心建成投产,与天津泰达供应链南北响应,最大化地提高了供货速度和运营效益。目前,宏达制酶成了集团转型升级的重要推动力。

建设园区探路循环经济

不久前,同济大学吴建伟教授等人发表了《基于生态产业链原理的园区产业链改进研究》一文,论文以苏州宏达循环经济产业园为例分析如何在实践中对园区经济进行生态化改造。这表明宏达集团的循环经济发展走在了同行前列。

在与周边企业往来过程中,黄耀臻发现公司西侧的印染企业正在被环保问题所困扰。印染企业一般采用预处理方法,除去废水中有机物和碱,然后进行生化处理进一步降低有机物和色度,可一旦废水量过大,预处理和生化处理能力就会跟不上,就会影响正常的生产运行,而且治理费用较高。鉴于此,双方合作探索印染废水烟气联合治理难题:利用印染碱性废水进行烟气脱硫,利用锅炉烟气预处理印染废水,降低碱度,吸附有机物,实现中水循环利用。经反复小试中试,运行效果明显,"以废治废"的循环经济发展模式开始在宏达集团确立。

获得苏州市循环经济试点后,黄耀臻团队进一步研究国家产业结构调整指导目录、国家节能重点工程等有关政策法规,结合自身和周边企业的废弃物资源化利用等实际,提出了发展循环经济和建设循环经济产业园的战略构思。2010年,宏达集团与上海大学循环经济研究院共同研究编制的《宏达集团循环经济产业发展规划报告》通过联合评审。

根据《规划》,宏达集团接连实施了生物渣烟气干燥燃烧循环利用节能技改、太阳能阶梯升温节能发电技改、配烧污泥及生物质的循环流化床锅炉节能技改等循环经济项目,能源利用结构趋于多元化,在循环经济领域相继获得4项专利,集聚20多家企业形成宏达循环经济产业园。循环经济产业园建设被列为2011年度太仓市十大科技创新项目,多次在省内外会议上交流,受到了政府部门、科研院校专家、同行的好评,被同济大学列为生态工业园改造研究案例。

南守北攻点燃升级亮点

成熟的循环经济产业园模式如何放大规模效应?黄耀臻一直在寻找新机遇。适逢太仓市与灌南县南北对口支援,2014年10月,宏达集团与灌南县人民政府签订了建设灌南宏达循环经济产业园项目的协议。

黄耀臻介绍,灌南宏达循环经济产业园项目计划总投资约24亿元,用地约1500亩,主要发展生物医药、新材料、纺织服装印染、食品深加工、农光互补和热电联产等产业。

根据规划,宏达集团首期投资1.5亿元,建设总装机容量为17兆瓦的农光互补光伏发电项目。该项目主要以设施农业为基础,创新应用农光互补、渔光互补等现代农业经营方式,在水产区、养殖区、大棚区建设光伏电站,进而开发休闲观光农业、养殖业,构建新能源和农业及养殖业的新型循环发展体系。该项目已于2015年底并网发电,日均发电约6万千瓦时,年可节约标煤6400吨。

热电联产项目是灌南宏达的核心。这一项目配套建设供热管网,建成后可达到220吨每小时的供热能力,可满足灌南县主城供热片区分散供热小锅炉拔除后的用热需求。利用宏达集团自主研发的循环经济专利技术及其成熟的循环经济模式,灌南宏达可实现年资源化利用生物渣、废菌渣等固体废弃物、农作物秸秆18万吨以及城市生活污水、工业污泥3万吨的社会化节能减排目标。黄耀臻表示,该项目全部建成后可形成年产值30亿元的规模。(□李孝忠 文/图)

作为太仓"创二代"的代表,他走上了赛场。涉足实业发展板块,新建凯利昂光电,服务港城开发,开街五洋滨江广场,对接上海总部经济,投运汇金大厦,每一个项目都达到了预期目标——

杨春雨:执掌五洋集团"帅旗"

中影国际影城开业前的准备工作进展如何?能不能派人到上海当面洽谈入驻汇金大厦事宜?2017年6月5日,江苏五洋集团有限公司总裁杨春雨在接受笔者采访期间,采访不时被来电打断。

作为太仓"创二代"的代表,杨春雨在商海中已经打拼了13个年头,还担任了苏州市第十三届政协委员、太仓市第十二届政协委员、江苏省青商会副会长、太仓市青商会会长等职务,看上去大气老成干练。在他的带领下,五洋集团在上升通道中稳步前行,去年实现销售总额40亿元,进出口总额 4363.31 万美元,其中出口总额 676 万美元,先后获得了"全国守合同重信用企业""江苏省文明单位""苏州市房地产开发企业综合实力 20 强",苏州及太仓市"外贸出口先进企业"和"出口创汇大户",太仓市"民营企业二十强""纳税大户"等荣誉。

接过"接力棒"赛场显身手

在杨春雨的办公室内,悬挂着一张他与父亲杨忠执的合影照片。与父辈不同的是,杨春雨接受过正规的高等教育,毕业于南京大学,留学于新加坡南洋理工大学和英国伦敦政治经济学院,在通用电气(中国)有限公司进行过磨练。坐在笔者对面的他,朝气蓬勃,思维活跃,视野开阔,具有很强的创新意识和开拓精神。

五洋集团由杨忠执先生一手创办,业务涵盖国内外贸易和进出口代理、房地产开发、金融投资、实业发展等四大板块。2004 年 10 月走进五洋集团后,杨春雨从经理助理干起,从不炫耀自己的高学历,甘当小学生,认真向父辈们请教学习。经过较长时间的学习、磨合和锻炼后,他才逐步从父亲手中接过"接力棒"。

担任集团总裁后,杨春雨传承创业不息、创新不止的集团精神,弘扬以人为本、团结进取的集团文化,营造诚信经营、和合发展的良好氛围,融入新生代的朝气和活力,拓宽团队视野,提升团队素养,带领集团在上升通道中稳扎稳打。

会计金融是他的专业,他发挥专业特长,带领集团金融投资板块入股太仓农村商业银行、苏州银行、太仓民生村镇银行和一家小贷公司,并在上海组建成立一家私募股权基金。由于注重团队建设、风险防控和稳健运行,金融投资板块创出了良好业绩,特别是其中的太仓信谊小贷公司在众多小贷公司中脱颖而出,年年给股东较多分红,成为江苏省金融办评定的 AAA

级小贷公司以及苏州市排名靠前的小贷公司。

"智造"的显示屏薄如蝉翼

一张八仙桌面大小、1毫米厚的液晶显示屏，经过特定工艺加工后，就变成厚度均匀、薄如蝉翼的成品。送到手机生产厂家，这些成品就变成了薄化手机显示屏。2017年6月2日，笔者来到苏州凯利昂光电科技有限公司采访，看到9条薄化生产线有序运转，2条大型薄化生产线加快安装。杨春雨介绍，这样的产品他们一个月可以生产7万片，一年可以加工约6000万片手机及平板屏。

凯利昂是五洋集团投资的重要实业发展项目。杨春雨告诉笔者，在与上海天马集团合作过程中，他们看到了光电产业的巨大商机。紧跟手机变轻变薄的趋势，他们投资1.5亿元，购进国际先进设备，建设苏州凯利昂光电科技有限公司，进军手机产业链中的液晶显示屏薄化、镀膜、触摸屏二次强化等环节。

"我们的大张薄化工艺，可以整张薄化5代液晶显示屏，目前全国仅有3家企业具有这样的大张薄化工艺。"在工艺优化过程中，杨春雨带领凯利昂团队克服了液晶显示屏易破损、不均匀、表面品质差等难题，生产出了无破损、品质好、厚度均匀的大张薄化液晶显示屏。他说，他们可以把1毫米厚的液晶显示屏减薄到0.2毫米，相当于4根头发丝的直径。手机触摸屏玻璃切割后，边缘会有细小裂缝，严重影响玻璃的强度和手机触摸屏的使用寿命，他带领凯利昂团队研制出了特制溶液，手机触摸屏玻璃切割后浸入溶液，拿出来就会提高强度3倍以上。

凭借一系列的创新成果，凯利昂建成了苏州市特种光电玻璃工程技术研究中心，获得了科技型中小企业创新基金、科技支撑计划和中小企业技术创新基金等奖励资金，申请受理国家8项专利，其中发明专利4项。目

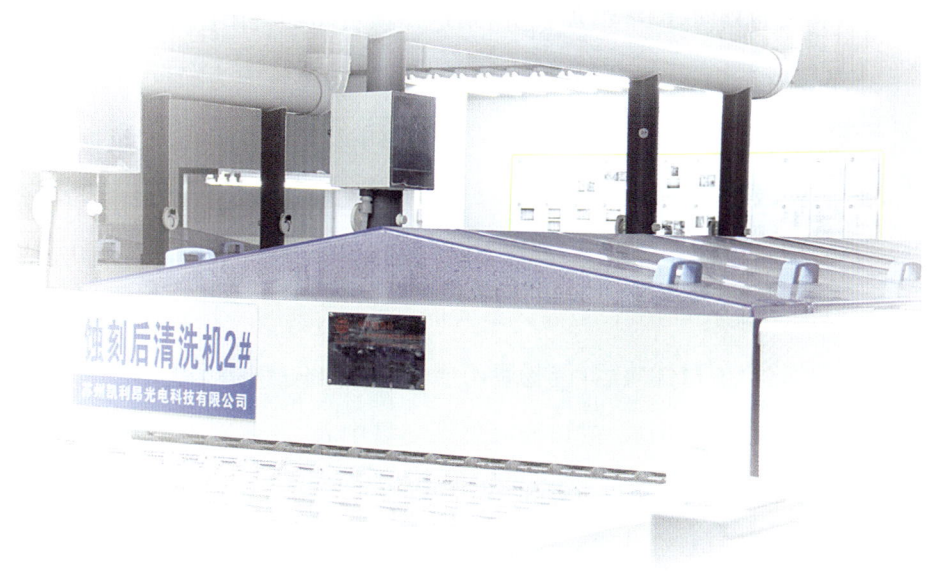

前,企业的产品更是受到了天马集团、龙腾光电、台湾翰彩、日本JDI等手机面板行业中前10强客户的追捧。

服务新港城开街综合体

精彩的中国旗袍、春夏最新款意大利手工品牌包、礼服和婚纱走秀,给观众带来了前所未有的视觉享受,让观众感受到了中意之间文化碰撞的魅力。2017年4月28日,意大利精品展在五洋滨江广场内的太仓港进口商品展示交易中心举行,这是五洋团队服务新港城给周边市民带来的实惠之一。

随着港口经济的发展和外来人口的集聚,新港城的配套设施需要加快建设。针对这一需求,杨春雨带领五洋集团旗下的江苏五洋房产有限公司进行深入调研,筹集巨资在新港城上马五洋滨江广场项目。

这一项目体量大,占地面积达27990.9平方米,建筑总面积约6.5万平方米,而且施工条件复杂,地下水多,逢年过节劳动力紧缺。杨春雨团队迎难而上,给施工单位优先支付工程款,与施工单位一起破解难题。节能环保是城市发展的方向,五洋追加投资,给这一项目增加太阳能光伏分布式电站、雨水回收系统、导光井等设施,使这一项目的建筑成为绿色二星建筑。项目建设期间,消防标准提高,杨春雨带领团队按照新标准,改造原有设施,使得相关建筑如期通过验收。

这一项目包含大型卖场、进口商品展示中心、中影影城、商务酒店、特色餐饮、休闲娱乐等业态,是港区最大的、业态最全的一站式生活购物中心。如何让这一项目优质运行?杨春雨成立招商团队,引进了大型主力店雨润发超市、中影国际影城、进口商品展示交易中心、商务酒店、特色餐饮等项目,将线上线下资源打通开展业务。购物中心开街后,他又引进专业团队

进行管理,举办文艺演出、车展等活动,不仅让新港城及周边消费者感受到了不同的商业体验,而且示范带动了新港城拟建配套项目的加快建设。

融入上海投运汇金大厦

最近,舍弗勒在汇金大厦长期租用了4层楼面,把安亭基地搬入太仓,开展培训、财务等活动。太仓的汇金大厦为何会受到舍弗勒的青睐?

"这与我市实施融入上海战略和汇金大厦高品质服务有关。"汇金大厦紧靠行政中心、万达广场,由五洋集团投资运营。杨春雨表示,太仓与上海地理相近、人缘相亲,文化相融,经济相通,是上海经济圈和长三角城市群最为发达的县(市)之一,而商务成本远低于上海。为此,他们策应市委、市政府融入上海的战略,精心打造汇金大厦,承接上海总部经济的溢出效应。

作为一幢高档写字楼,汇金大厦的建设对杨春雨团队提出了严峻考验。汇金大厦与周边3幢写字楼统一设计建设,消防、市政等统一施工,可在建设过程中,其中一幢大楼的投资方资金链断裂,导致汇金大厦的地下工程也无法正常施工。杨春雨及时找到市政府,在政府的协调下地下工程如期建成。

进入装修阶段后,杨春雨团队突出人性化理念,选用高端装修材料,配备停车导引系统、商务管家系统等智能化系统,几近不计成本地满足入驻商户的需求。譬如,商户有客人来访,发一个一次性使用的二维码给客人,客人用手机在入口装置上扫一下,就可以进入快速通道。

正是由于高品位打造,汇金大厦一投入使用,就吸引了多家商户入驻办公。入驻时间不久,一些商户就提出增加使用面积。

登高方能望远,收获才能更多。我们相信,在杨春雨及其管理团队的带领下,进入上升通道的五洋集团一定会走得更稳,走得更远。

(□李孝忠 文/图)

每年拿出6%以上的营收投入研发,分别在中国、美国、日本建立了3个研发中心,给客户提供一站式解决方案。他带领捷赛机械直追欧美同行——

刘枫:4年育出行业前3强企业

来往于中国、美国、日本三大研发中心之间检查新产品研发进度,奔波于益海嘉里集团、中粮、中储粮、九三集团、苏垦农发集团、美国嘉吉集团、邦基集团等高端客户之间收集产品信息……苏州捷赛机械股份有限公司总裁刘枫的日程一直安排得满满当当,近日接受笔者采访后他又乘机飞往泰国洽谈业务。

自2014年太仓工厂投产以来,刘枫带领捷赛机械坚持以技术为核心,通过收购、培养及外部引进,分别在中国、美国和日本建立了3个研发中心,致力为农业、粮油、食品、饲料、发酵工程、生物能源及港口物流等行业提供产品研发、制造、成套工程及技术咨询等一站式解决方案。目前,捷赛机械获得了高新技术企业证书、江苏省科技型中小企业证书、江苏省民营科技企业证书,通过了苏州市知名商标认证、江苏省著名商标认证、苏州市企业技术中心认证、苏州市级工程技术中心认证、知识产权体系贯标认证,多个产品被评为高新技术产品,仅用4年时间就晋升行业前3强。

投身粮油行业精耕细作

在捷赛机械厂区,笔者看到了两台烘干机样机。"一台的烘干能力是15吨,考虑到生产需要和农机补贴力度,比较适合本地使用;另一台是30吨,去年通过农机鉴定,获得了农机推广证书,目前主要销往北方。"刘枫告诉笔者,15吨的今年才生产出来,试用效果很好,很快会通过农机鉴定,获得推广证书。

今年47岁的刘枫,出生于徐州新沂,毕业于河南工业大学。"粮食专业学校在全国并不多见,我们毕业后大多进入粮油行业。"刘枫在一家美资粮油企业一干就是10多年,他说:"粮油是一个大市场,人们的生活离不开米面油,粮油行业是一个永远不会被淘汰的行业。"这也激励着他在这一行业深耕细作。

2004年,刘枫所在的美资企业把直营业务转为代理业务。精通粮油业务、开拓精神较强的刘枫成为这家美资企业的中国代理商,这也为刘枫拓展粮农市场提供了广阔舞台。2010年,这家美资企业又对外出售连续式干燥机事业部,刘枫筹集资金买下了这一事业部,实现了从代理商到制造商的华丽转身。

产品性能连创行业第一

2015年8月,一台每小时可提升1650吨大豆的斗提机,在大连港太平

湾港区投入使用。这台由捷赛机械制造的斗提机,一举创下此类设备提升能力的全球纪录。短短3个月后,这一纪录又被捷赛机械打破,公司生产的每小时可提升1950吨大豆的斗提机在河北沧州的黄骅港安装到位。

"一艘装载数万吨粮食的货轮靠泊在港口,免费卸货期通常只有4天,每超过一天就会增加很高的费用。从服务客户出发,我们致力研发大型斗提机。"刘枫告诉笔者,"粮食贸易加工企业毛利率不高,必须靠规模化经营取胜。"瞄准这一趋势,他们成立了3个研发中心,一个从美国收购,一个在日本成立,一个在中国,每年拿出6%以上的营业收入投入研发,联手美国阿肯色州立大学、河南工业大学、无锡江南大学等进行上下游延伸,获得了50多项专利,形成了五大系列几百个品种的产品。与国内同行相比,捷赛机械的粮农设备不仅效率高,而且能防止粮食破碎,能耗低30%,保护环境,成本优势更明显。

美国的连续式烘干机等粮农设备领先全球,更适合中粮、中储粮这样的大型粮油企业;日本的循环式烘干机等粮农设备领先世界,更适合新型合作农场、家庭农场。刘枫取两国之长,不断开发适合中国市场的粮农设备,推广物联网技术,收集整理设备使用中产生的大数据,帮助客户完善生产能源管理,即时控制设备。捷赛机械不仅卖设备,而且给客户提供解决方案,解决客户痛点。譬如,零部件寿命到期,捷赛机械的设备会提前预警提醒。对于大型集团企业来说,捷赛机械可帮助客户在总部实时监控每一个运行工厂。

依托雄厚的研发实力,捷赛机械的规模不断扩大。"2011年,我们在上海宝山租赁厂房生产粮农机械,第二年就出现了产能不足,2012年又在城厢科技产业园拿下54亩土地,把工厂及总部一起搬迁过来。"刘枫介绍,现在,益海嘉里集团、中粮、中储粮、九三集团、苏垦农发集团、美国嘉吉集团、邦基集团等业内知名企业都是捷赛机械的客户。

安全体验触及员工灵魂

体验式商业、体验式服务、体验式景观……当体验成为一种新潮时,捷赛机械别具一格地把体验引入安全培训之中,让安全触及受训员工灵魂,一举成为苏州市安全生产先进企业,也给机械制造行业的安全培训提供了生动样本。

"我们的安全培训体验中心结合了粮农机械生产制造特点,模拟物体打击、重物搬运、钻床卷入、齿轮咬合、灭火器使用等现场作业场景。"刘枫介绍,这可以让新员工身临其境地感受"三违"带来的伤害。

走进体验中心,笔者戴上安全帽来到安全帽撞击体验区。培训师松开绳索,一块秤砣一样的铁块砸到了笔者的安全帽上,撞击的力度使笔者的身体晃动起来,但头部没有受到任何伤害。如没有安全帽的保护,那笔者的头部至少要长出一个大包。

来到重物搬运负担体验区,笔者准备弯腰提取一个 20 公斤的重物。培训师立即予以制止,他告诉笔者,戴好防护手套的作业人员,应用手掌紧握物体,不可只用手指抓住物体,靠近物体蹲下身体,用伸直双腿的力量缓慢平稳地将物体搬起;不要一下子将重物提至腰以上的高度,先将重物放于半腰高的工作台或适当的地方,纠正好手掌的位置再搬起,否则极易造成腰部肌肉拉伤、腰椎间盘突出和腰肌劳损。

来到齿轮链条咬合体验区,笔者戴上手套,模拟装配区域的链条装备作业。一不小心,手伸入了链条的夹缝中,很快被传动到齿轮下。随着齿轮与链条的咬合力加大,笔者感觉手部的疼痛越来越大。试想,肢体如果在生产现场被卷入,就可能受到粉碎性骨折或截肢的伤害。

"这种安全体验培训好得很,比以前总是开会教育好多了,我们接受起来更容易、更主动,而且很多知识体验一次就会牢记一辈子。"一位新员工与笔者一起体验完5个项目后连连称赞。

敢于叫板欧美粮农企业

百超激光切割机,加拿大爱克数控折弯机,日本村田数控冲床,日本天田数控折弯机,松下焊接设备,美国林肯脉冲式焊机……走进捷赛机械生产车间,宛如置身于一个世界粮农制造设备的展销会。

"工欲善其事,必先利其器。"刘枫说,"捷赛机械的生产线从下料到成型,均使用世界一流生产设备,采用无磷无氮的前处理技术、碱洗技术、静电粉末喷涂技术等国际先进生产技术。目前,捷赛机械具备年产值2亿元的能力。"在生产线上,笔者看到了生产异常呼叫和生产状态自动监控统计Andon系统,只要产品出现异常,这个系统就会报警提醒,看到提醒,操作员工就会呼叫管理人员拿走异常产品。刘枫说,他们的管理水平处于行业领先位置。

管理是企业的灵魂。捷赛机械组建了一支具有优秀专业能力和丰富经验的经营管理团队,秉承世界先进管理理念,运用精益生产管理哲学,通过了 ISO9001:2008 质量管理体系,ISO14001:2004 环境管理体系认证以及OHSAS18001:2007 职业健康安全管理体系认证。在相关领域获得了产品技术领先、质量可靠、企业管理理念先进、作风严谨的市场地位。

在5年之内,捷赛机械产值将达到5亿元,10年之内会达到10亿元。刘枫表示,希望捷赛机械在粮农机械行业里塑造世界品牌,能够代表中国与欧美企业竞争。

(□李孝忠 文／图)

承担国家级、省级火炬计划和省级攻关项目,牵手中广核,争做电缆料行业"老大"。他带领中广核高新核材大步迈向"百亿级企业俱乐部"——

魏建良:掌舵电缆料"航母"

继西进成都、武汉兼并两家电缆料企业后,最近中广核高新核材集团有限公司又北上江阴、雄安收购了两家电缆料企业,完成了其在华东、华南、华北、西部的战略布局……种种迹象表明,江苏德尔泰投资有限公司牵手中广核成立中广核高新核材集团以来,匠心独运,频出大手笔,加速打造电缆料"航母"。

如果说中广核高新核材是一个电缆料"航母",那么其总经理魏建良就是这一"航母"的掌舵人。自创业以来,魏建良带领企业定位"做一流的环保新材料专家",秉承"科技引领,健康发展"的经营理念,致力于特种电缆料、工程塑料、核电装备材料、生物医用材料、合成材料的生产制造,精心答写"创新四问"考卷,建设国家级实验室,承担国家级、省级火炬计划和省级攻关项目,加快兼并重组和中广核高聚物材料项目建设,不断扩大高新技术产品规模。

"我们持续保持快速发展态势,已经成为上市公司中广核技的重要板块。去年实现营业收入25.6亿元,同比增长60%,其中高新技术产品比重超过60%。预计2017年营业收入将突破40亿元。"魏建良向笔者介绍说。而作为中国电器工业协会电线电缆分会橡塑材料专委会主任,魏建良更心系行业发展,倡导诚信自律,构建行业健康生态。

行走在行业最前沿

上海东方明珠,对于不少市民来说并不陌生。而鲜为人知的是,上海东方明珠磁浮线使用的国产化磁浮专用电缆料由"三角洲"研发生产。

"没有创新,企业就没有竞争力,更不会从众多同行中脱颖而出。"今年55岁的魏建良出生于沙溪,先后进入沙东化工厂、江苏三角洲等单位工作,创办苏州德尔泰高聚物有限公司,借力改制东风,成立江苏德尔泰投资有限公司,下辖江苏三角洲塑化有限公司、苏州德尔泰高聚物有限公司、苏州三角洲通用塑胶有限公司,收购中山一家电缆料企业成立中山三角洲塑化有限公司,投入巨资成立一家研发公司。从业多年来,他一直视创新为企业的生命。

围绕"做一流的电缆料专家"的目标,魏建良强化研发中心建设,联手上海电缆研究所、清华大学、北京航空航天大学等国内行业权威科研院所,承担国家级、省级火炬计划和省级攻关项目,自主研发生产出了一批高科技含量、高附加值、高市场容量、功能独特的新产品。凭借独树一帜的研发,"三角洲"

"德尔泰"则成为中国优质电缆料的代名词,高新技术产品占比超过60%。

现在,"三角洲"研发中心被认定为江苏省橡塑材料工程技术研究中心和国家能源局核电非金属材料寿命评价与管理技术实验室,企业被认定为国家重点高新技术企业、国家火炬计划太仓市特种功能新材料产业基地骨干企业,形成了线缆用改性高分子材料、工程塑料、环保再生材料、特种弹性体材料等四大系列产品。由上海电缆研究所牵头,"三角洲"承担的国家863计划高速磁浮交通技术重大专项子课题——长定子中压绕组橡胶电缆的国产化研究,设计出了国内独特的橡胶电缆料挤出造粒工艺,新工艺产出新产品的性能及外观等各项指标达到国际先进水平,填补了国内空白,有力助推了国产化磁悬浮铁路的建设。

德尔泰"嫁入"中广核

2013年11月12日,中广核(北京)核技术应用有限公司与江苏德尔泰投资有限公司合作签约仪式在市行政中心举行。江苏德尔泰投资有限公司是一家民营企业,当年才实现产值4.3亿元,为什么会进入国家特大型企业——中广核的视野?

中广核选择德尔泰,是它自身发展战略使然。2012年国内电缆料市场产值是587亿元,2013年600亿元左右,而最大的一家企业产值还没有超过12亿元,整个市场呈现小而散的局面,无法形成拳头打开海外市场。国外则是动辄上千亿元的寡头在瓜分市场,我们的民族企业如何与之抗衡?中广核以振兴民族工业为己任,适时进军电缆料行业,积极培育电缆料"航母"。

德尔泰旗下的"三角洲"尽管产值不大,但经过30年的积累沉淀,已经跻身国内行业前十名,华东地区前五名,有着良好的口碑。中广核在寻找合作伙伴过程中,"三角洲"成为30家备选企业之一。"'三角洲'产品能够应用到核电站项目上,是因为产品与中广核的业务高度契合。"魏建良说。双方最认同的是德尔泰的企业发展理念——"技术引领,健康发展",德尔泰也拥有了自己的技术核心竞争力。这句话改动一个字,提升为"科技引领,健康发展",现已转化为中广核高新核材集团的发展理念。

经过大量的市场调研,中广核最终选择了德尔泰。"央企选择德尔泰,不仅是基于我们这个行业具有巨大的发展空间,更因为我们掌握着核心技术。"魏建良介绍,经过20年的风雨磨砺,中国电器工业协会电线电缆分会橡塑材料行业前5强会员,如今仅剩"三角洲"一家。

迈向百亿级"俱乐部"

数辆运输车在工地忙碌,多台桩基设备在紧锣密鼓下桩。2017年6月26日,笔者来到中广核核技术应用装备与材料项目现场采访,看到这一项

目已经完成了地基处理,进入了桩基工程阶段。

"中广核高聚物材料项目总投资20亿元,分三期建设。"魏建良介绍:"一期为各类线缆高聚物材料、特种高聚物材料制造项目;二期拟建设核电装备材料产业基地;三期项目拟建设核技术应用研发及产业化基地,产品涉及碳13同位素医疗诊断试剂原料制造、放射性废水处理用磁基吸附剂制造、核电站用柔性装备材料等领域。"

中广核高新核材底气十足,正在争做行业"老大"。魏建良说:"放在过去,这样的发展势头是不敢想象的。因为在与中广核合作前,'三角洲'尽管保持成长,但企业上下自满情绪抬头,发展动力不足。"

中广核为"三角洲"装上了强大的发展引擎。合作之初,中广核高新核

材怀揣一个愿望：2017年实现产值10亿元，并成功上市。而中广核认为，这个愿望高度不够，必须打造电缆料"航母"。于是中广核高新核材有了振奋人心的长远规划：产值每年以60%以上速度增长，2017年达到40亿元，2020年产值超100亿元。

"这个规划是一份客观笃实的路线图。"魏建良说。2016年，中广核收购大连国际，成立中广核技，中广核高新核材成为中广核技最重要的板块，业务总量占中广核技的70%。同时，中广核高新核材加快兼并重组步伐，加速中广核高聚物材料项目建设。

中广核高新核材正按规划蓝图，一步步打造国内一流、国际知名的新材料企业。

（□李孝忠 文/图）

开出多家工厂店、350多家专柜,推出C2M商业模式,智造"懂你的衬衫";佛朗尼·齐拉成为"中国驰名商标",企业年销售超过5亿元。这一切得益于当家人——

黄鼎其:"智缝"顶级男装品牌

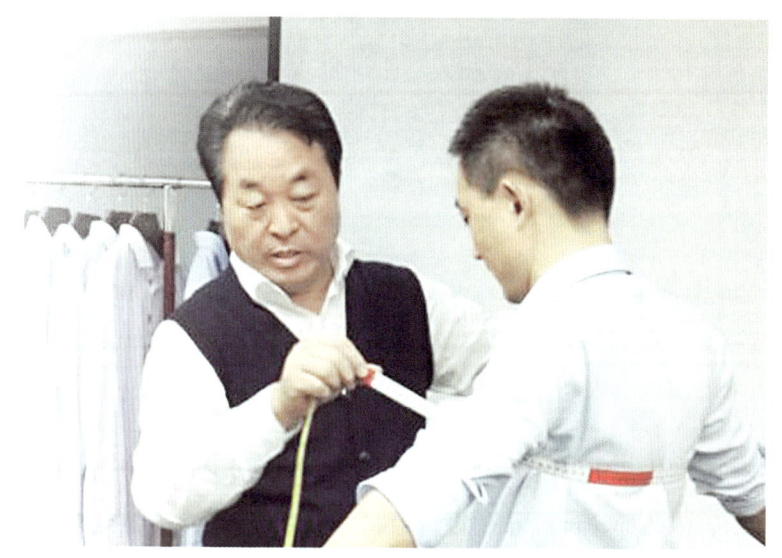

"一人一版,舒适有型。我们要根据客户身材特质、年龄、职业等综合要素,定制出更为舒适有型的衬衫,这与市场上常规定制有着本质的不同。"2017年10月26日,苏州群鸿服饰有限公司举办百士博客第三期培训班,董事长黄鼎其动员群鸿团队发挥20余年高端男装从业优势,借力互联网、大数据及信息管理技术加快创新转型。

黄鼎其从600万元资本起家,艰苦奋斗,锐意进取,开发新品,强化管理,创建品牌,开拓市场,在顶级男装领域闯出了一片新天地。如今,群鸿净资产已达3亿元,形成了佛朗尼·齐拉、恩吉奥、吉澜等多层次、多品位、多品牌、多元化的发展格局,佛朗尼·齐拉被认定为"中国驰名商标"。在近3年服装品牌大洗牌的背景下,群鸿2017年1至9月销售额仍然增长25%,预计全年销售将超过5亿元,成为华东地区顶级男装领域的佼佼者。

创出中国驰名商标

"北美枫情"以卡其色、驼色、砖红色为主色调,以牛仔蓝为点缀,经涂层洗水处理后表面略显粗犷,造型硬朗简洁,棉质和皮质、毛感面料互相融合,烘托假日户外聚会的激情和浪漫回忆;"印象雾都"以灰蓝、灰绿为主色,以暗红色为点缀,厚实感的麂皮和皮毛、磨毛棉布塑就宽松饱满感的造型,尽享都市街头惬意的生活情调;"托斯卡纳"以军绿、咖啡为主色,以橘色为点缀,轻薄而有机理感的面料通过内层填充或烫金皮毛表面,层次感更显丰富,再现乡村树林的记忆。在一次服装订货会上,群鸿引领年轻时尚休闲"风向"的新品,吸引客商在活力四射的"时尚之旅"中竞相下单。

"目前,群鸿企业已建成华东地区高端休闲男装领域最具规模的服饰研发中心,每年向市场发布3500多款潮流服饰,成为业内流行趋势的领军企业。"1959年出生的黄鼎其在服装行业摸爬滚打了40多年,从学徒干起,先后走上技术、研发、管理等岗位。2002年7月,他在浏河成立苏州群鸿服饰有限公司,服务国内外50多个品牌,每年产出65万件贴牌产品。当发现做贴牌不能创造更高的经济效益时,他又到上海成立了上海群弘企业发展有限公司,用做高档休闲服饰贴牌加工的收益来做自己的品牌佛朗尼·齐拉。

经过11年的奋力拼搏,600万元资本起家的群鸿净资产达到3亿元,成为华东地区顶级男装领域的佼佼者。"我们当时的目标是高速平稳发展,打造国内顶级行政商务男装颇具规模、颇受瞩目、颇有水平的领军企业,成为业界瞩目、商界闻名的高级男装制造商和销售商。"黄鼎其不无感慨地说,"为实现这个目标我们经历了常人难以想象的困难。"面对困难,他们迎难而上,与英国赫而德,意大利罗洛皮雅娜、1881、维达莱、Mont、康科利尼,瑞士阿鲁姆,德国鹰堡等面料供应商、设备供应商强强联合,不断提高产品档次,加大研发投入,不断开发"风向"新品,产品受到了越来越多的消费者认同。佛朗尼·齐拉西服价格很快从一套近万元上升到 3 万元;2015 年 7 月,佛朗尼·齐拉被国家工商总局商标局认定为"中国驰名商标"。

尝到品牌甜头后,黄鼎其深入实施品牌多元化阶梯战略,着力构建佛朗尼·齐拉、恩吉奥、吉澜等多层次、多品位、多品牌、多元化的发展格局。一次性买断意大利戴波尔公司旗下的恩吉奥品牌后,他大胆起用意大利知名设计师艾朵先生为其设计总监。艾朵先生曾效力于 Trussardi、Ferre、Geoxs 等品牌,对色彩的把握堪称炉火纯青,很快推进恩吉奥强大的产品研发和雄厚的制造优势在中国市场快速成长。

打造白领"淘宝中心"

现代明亮的店堂里,精心设计、搭配合理的服饰令人眼前一亮。时尚简约的陈列专柜上,分类放置着佛朗尼·齐拉、恩吉奥、吉澜等品牌服饰。2017 年 10 月 24 日,笔者走进群鸿工厂店,看到上海、苏州、无锡等地白领竞相

前来"淘宝",以实惠的价格购买与国际同步的一二线国际品牌服饰。这个1600平方米的工厂店宛若成了上海、苏州、无锡等地白领的"淘宝中心"。

"这种工厂直销店是一个双赢的营销模式,不仅给群鸿提供了一个展示和销售产品的平台,而且降低了消费者的购买成本,提高了企业的满意度。"黄鼎其介绍说。公司把最新款式和样品拿到这里展示,可以听取消费者意见改进设计,承接批量订单;把库存品拿到这里销售,可以帮助企业去库存,提高资金周转率。对于消费者来说,这种"自产自销"的经营方式省去了很多中间环节,产品更加透明,可以帮助消费者增添休闲购物的好去处,方便消费者以实惠的价格购买到心仪的品牌服饰。

除了开出浏河群鸿工厂店外,黄鼎其还在上海闵行区莘庄等地开出了工厂店。"在品牌建设过程中,必须唱好三部曲,即产品设计定位、消费市场定位、营销模式定位。"黄鼎其介绍说。群鸿定位于高级行政商务板块,定位于中高端消费市场,定位于直营、加盟经营。按照这样的定位,群鸿成立两个品牌的运营中心,建起智能化仓储中心,在全国70多个主要城市编织出由350多家经销店组成的销售网络。

这种以服装制造为主线,以品牌为核心,以创新为动力,以管理为基础,强化服装上下游产业链整合的方法,让群鸿离"真正的品牌运营商"的

目标愈来愈近。"群鸿品牌运作已经驾轻就熟,到了'我挑商场'的时候了。"黄鼎其表示,为了抓住高端消费人群,两个品牌将布局更多的二线城市,在中国主要城市主力时尚百货和购物中心建立旗舰店,终端将达到800家。恩吉奥品牌店在100平方米以上,佛朗尼·齐拉品牌店在200平方米以上,力争在直销模式和品牌运作中实现企业转型升级。

定制"懂自己的衬衫"

金秋时节,重大活动较多,在机关工作的陈先生忽然发现缺少一件"懂自己的衬衫"。在朋友的推荐下,他添加了百士博客微信公众号,预约了百士博客的量体师。很快,离他最近的量体师上门,提供量体服务,帮他选择布料、颜色、领型、袖口、纽扣,确定衬衫规格,填写个人信息。10多天后,一件"懂自己的衬衫"送到了陈先生家中。拆开包装一看,半手工,高针高密,3厘米28针,接缝完美。穿上身,特别合身,性价比高,而且形态稳定,更易打理。

百士博客是黄鼎其倾力打造的C2M商业模式中的一项重要内容。在如今快节奏的工作环境下,对职场人来讲,购买衬衫也变成了一件奢侈的事情,费时费力费钱,还不一定合身。衬衫是每一位职场精英必不可少的"备战衣",又是一件较难打理的服装,平常易皱,没时间打理。围绕职场精英的"痒点",黄鼎其整合优势资源,利用互联网、大数据及信息管理技术,推出C2M商业模式,提供上门量体、一人一版等服务,给客户定制零甲醛、无胶条、瑞士免烫技术、极致性价比的免烫衬衫。

"这是一个真正意义上的改变者,与市场上常规定制有本质的不同。"黄鼎其说,从服装设计研发到生产制造,群鸿拥有20余年的经验,在高端男装领域具有较大的影响力。通过微信预约,客户所在城市的专业量体师会快速上门,提供线下一对一的专一量体服务。根据客户身材特质、年龄、

职业等综合要素,定制出的衬衫更为舒适有型。

考虑到"第二层肌肤"的安全性,群鸿引进缝纫无胶条、瑞士零甲醛免烫等先进工艺,定制高端品牌的高品质衬衫。"有胶条,常用于工作服和冲锋衣、雨衣等户外用品,胶粘状亲肤性差。无胶条,环保健康,舒适亲肤,具有高端顶尖服装特质。"黄鼎其说。这一工艺对设备、用材极为苛刻,群鸿与全球知名面料供应商、设备供应商强强联合。高支的面料支撑不了免烫技术,面料的撕破强力会受到损伤,他们又引进德国进口纤维保护技术,实现了高支免烫的工艺革命。这样生产出来的衬衫,像丝绸般柔软,像陶瓷般顺滑,安全类别高于行业标准,永久形态稳定,而价格仅为市场高端同质男衬衫的四分之一。

"我们现在已经有了自己的跑道,高档商场都可以进去,在商场还可以挑选位置。"对于未来,黄鼎其充满信心,今后群鸿将加大研发投入,提升智能制造水平,提升品牌运营水平,力争早日跻身世界高端男装企业行列。

(□李孝忠 文/图)

接过父亲的"接力棒",他带领荣文集团延伸产业链,拓展海内外化纤、新光源市场。不到10年,荣文集团跃入10亿元级"企业俱乐部",一块"抹布"在美国市场年销售超亿元,LED灯具照亮迪士尼乐园等海内外重大活动场馆——

管星宇:向善向上展新业

一到夜晚,钱江新城城市阳台便灯光齐放,错落有致的建筑美轮美奂,赤、橙、黄、绿、青、蓝、紫营造出如诗如梦的中国风情。"这是杭州G20峰会主会场,照亮这些建筑物的LED灯具由我们生产制造及维护。"2017年1月20日,笔者来到苏州荣文集团有限公司采访,总经理管星宇展示了一幅钱江新城城市阳台夜景照。

从父亲管雪平手中接过"接力棒"以来,管星宇坚持向善做人、向上做事、向善向上做大事的理念,带领荣文集团延伸产业链,加大技改投入和新品开发力度,拓展海内外化纤、新光源市场。经过不到10年的努力,荣文集团取得了一系列骄人的业绩:年销售从5亿多元跃入10亿元级"企业俱乐部",一块"抹布"在美国市场年销售超亿元,LED灯具照亮迪士尼乐园等海内外重大活动场馆,先后获得了高新技术企业、省明星企业、省民营科技企业、省工业设计示范企业、省依法管理诚信经营先进企业、苏州市文明单位、太仓市纳税上台阶企业等殊荣。

沉下身子锤炼筋骨肉

坐在笔者对面的管星宇,言谈之间与父辈们一样质朴,却不乏新生代企业家的坚定自信和勃勃雄心。2005年,从澳大利亚留学归来,他就加盟父亲管雪平创办的荣文集团,参与建立从加弹、织布、印染到纺织品生产的产业链,按照一半外销、一半自用的原则建立稳健的经营模式,推进各种新产品走入千家万户。

面对化纤行业产能严重过剩、行业效益普遍下滑等不利因素,管星宇带领荣文合成纤维进一步加大研发技改投入,引进高端人才,建立研发团队,与东南大学等高校建立紧密合作关系,不断开发新产品。为了开发出适销对路的新产品,他秉承父辈们的优良传统,投入大量精力深入盛泽等地进行市场考察和新品试用。"有一段时间,一周中我有5天在盛泽。"管星宇说。人体表面寄居了1000多种细菌,如果任凭有害病菌发展,就会对人体产生难以想象的危害。围绕这一市场需求,不少企业着手研发抗菌丝。从盛泽获知这一信息后,他组织研发人员主攻最安全也最难攻克的"铜基抗菌丝"。

经过数百次的试验,他带领荣文合成纤维开发出了"铜基抗菌丝",用这种丝织成的袜子和鞋垫,可以消灭织物中99.9%的真菌和细菌,能够有效消除脚臭,防治脚气,制作的内衣织物能有效杀灭真菌,提高人体肌肤质感。这种新品一上市即引起哄动。浪莎、三枪、AB内衣、卡帝鳄鱼等国内外多家品牌企业竞相采用这一新产品制作袜子、内衣、床上用品、运动装、美容眼罩和服装等纺织品。当然,这一新产品也给荣文合成纤维创造了不菲的效益,它的售价是普通加弹丝的两倍多。

功能性纤维更加贴近生活,满足人们追求高品质生活的需要,是新型、健康、环保的纺织材料。在与美国库珀照明合作过程中,管星宇意外发现,美国市场对于吸水性强、特别柔软的清洁布需求量较大,于是组织研发人员开发涤棉复合超细纤维。用涤棉复合超细纤维织制的各类毛巾、地拖、清洁布,是新一代物美价廉的绿色环保织物。

"抹布"美国卖了一个亿

服务人员给笔者倒了一杯茶,却没想到纸杯开裂了,小半杯茶水流到了茶几上。管星宇随手拿出一块"抹布",擦拭一次,小半杯茶水凭空消失,桌面上连一丝水渍也没有。一般情况下,抹布来回擦拭几次才能让茶几上的茶水消失,这块"抹布"与普通抹布有何不一样?

"这是我们研发生产的涤棉复合超细纤维毛巾,很适合家庭清洁使用。"管星宇介绍,涤棉复合超细纤维毛巾放到美国的超市货架后,很受美国人的青睐,销量连续保持两位数的高速增长。去年,这款产品在美国市场实现销售超亿元,同比增长 30%。

再好的新纤维如果不能推向终端市场,就不能实现它的应有价值。刚工作不久,管星宇发现自家新产品的销量不大,于是带着自己的新产品持续参加广交会,到上海等周边地区寻求合作伙伴。一次,他看到沃尔玛超市在上海长宁区搞促销活动,便试探性地递上名片。2 小时后,对方打来了电话,表示对他的新产品有兴趣,订购了叉车手套、清洁布等 10 多个产品。

受沃尔玛超市的启发,管星宇只身飞往美国开发市场。啥也不认识怎么开发?他租了一辆汽车跑到美国各大超市观察,发现美国人需要自家的

毛巾、地拖、清洁布，问题是要怎么把这些产品摆上美国超市的货架。于是，他雇用了2名老外做销售员。在2名老外的努力下，又一家世界500强企业与他见面，要求他做UL认证，在一个半月后拿出样品。且不说时间很紧，做一个UL认证需要投入200多万元，如果通过UL认证对方不订货，这200多万元岂不打了"水漂"？管星宇毅然投入200多万元，推进企业通过

UL认证,在规定时间内拿出样品。精诚所至,金石为开,第二家世界500强企业与荣文合成纤维成功合作。此后,管星宇在美国又一口气开发了8家合作商家。

现在,荣文合成纤维尽管加快自动化改造步伐,毛巾等产品依然来不及供货。在化纤行业的"寒冬"期间,荣文合成纤维的POY、DTY环节出现亏损,但整个化纤板块依然在毛巾等终端产品的带动下实现了令人称羡的盈利佳绩。

专业化服务灯具工程

最近,面积达17000平方米的苏州荣文库珀照明系统有限公司新厂区投入使用。这标志着荣文库珀的发展跨入了崭新阶段。

荣文库柏是荣文集团下属的一家专业生产、销售灯具的公司。金融危机期间,这家生产草坪灯、马路灯、工矿灯、投光灯等几十种室外产品以及嵌入式天花筒灯、导轨灯、应急灯等近千个室内产品的企业遇到了订单锐减一半的尴尬。面对这一现状,管星宇带领荣文库珀在拓展原有产品市场

的同时，与清华光环境研究院合作，成立长三角首家省级LED光检测中心，按照欧盟ROHS标准联合开发室外LED灯具、室内LED灯具、全彩控制系统、LED电源与驱动、太阳能等产品，与上海三星半导体有限公司进行战略合作，延伸LED照明产业链，不断拓展国内市场。

LED是21世纪"绿色照明"，具有高节能、寿命长、多变幻、利环保、高新尖等特点。"开发这一新技术并非一帆风顺，第一个工程安装后出现了漂移、闪烁等难以想象的问题，我们组织研发人员攻关了一年才陆续解决这些问题。"管星宇不无后怕地说。尽管第一个项目赔了本，但是让LED技术成熟了起来。现在，这些产品不仅扮靓了北京天安门广场、杭州湾大桥等著名建筑，照亮了太仓市的海运堤二期等商业、景观场所，而且出口到美国、欧洲、澳洲等发达国家和地区。

2016年春季开园的上海迪士尼，游客看到了一部分荣文库珀制造的灯具。"在迪士尼项目中，我们不仅制造安装维护'未来世界''梦幻世界''探险岛'等园区室内场馆的照明灯具，而且制造安装维护园区主入口以及上海地铁迪士尼站等地的照明灯具。"管星宇介绍。这是国产品牌灯具首次照亮迪士尼乐园。与许多大型场馆一样，为了凸显美轮美奂的照明效果，迪士尼对于光源控制的要求非常高。荣文库珀技术人员以迪士尼建筑为载体，结合各建筑元素，开展智能化设计，确定灯具的安装位置，凸显各建筑物的个性，加班加点生产安装LED照明模组、驱动器、全彩控制系统，使得大范围内的数据通信抗干扰，LED照明性能稳定。

成绩代表过去。管星宇表示，今后他将带领荣文集团开发更多的功能性纤维及终端产品，成为国内更专业的工程灯具服务商，进一步做强企业，给中小企业转型升级提供"样本"，为太仓经济社会发展做出更大贡献。

（□李孝忠 徐璐 文／图）

"雅聚"高层次人才,拓荒手性技术产业,仅用5年时间就打造出一家上市公司。他放大"上市效应",对外投资并购,迅速提升主业规模——

蔡彤:启明手性技术产业

2017年4月26日,雅本化学股份有限公司发布2017年第一季度报告,公司2017年1至3月归属上市公司股东的净利润1729.10万元,同比增长67.47%,远高于化学制品行业5.96%的平均净利润增长率。在宏观经济下行压力较大的背景下,这家民营企业为什么能够取得主营业务收入较快增长、净利润较去年同期有较大幅度提升的佳绩? 熟悉这家企业的港区有关负责人说,主要得益企业的领军人蔡彤和他带领的团队。

今年46岁的蔡彤,毕业于上海复旦大学,先后在广东省化工厅、东方国际集团上海荣恒国际贸易有限公司等单位工作,2003年起,他先后创立了雅本化学股份有限公司及上海雅本化学有限公司、南通雅本化学有限公司等子公司。他带领团队建成了江苏省企业院士工作站、博士后流动站、省级企业技术中心和苏州市手性药物合成与拆分工程技术研究中心，与复旦大学、中科院上海有机所、南京理工大学、中科院植物生理所等高等院校、研究所建立长期的产学研合作关系，瞄准国际生物医药产业最前沿，致力于发展手性药物及生物酶催化技术。现在，雅本化学的主要产品在技术和成本上处于国际国内领先水平，主要客户为国际医药、农药龙头企业。

太仓手性技术产业第一人

细心的市民会发现，过去的"氧氟沙星"变成了"左氧氟沙星"。"左"字是什么意思？这说明这一药品采用了手性技术，现在全球70%左右的畅销药品采用了这一技术。可以毫不夸张地认为，蔡彤是致力于发展手性药物的"太仓第一人"。

手性药物疗效高、副作用小，有的手性药物疗效比过去提高几十倍，它与新型药物一起成为我国药物发展的两大重点。手性合成是合成科学中最具挑战性的方向之一，与生命、材料、环境科学、人类健康、国民经济密切相关，目前应用最多的是药物合成领域，其次是生产农用化学品。然而手性药物在我国才刚刚开始，远远满足不了市场需求。受父母都是医生的影响，蔡彤从小就对医学产生浓厚兴趣。高考时，他考入上海复旦大学化学系，主修有机化学，毕业后被分配到广东省化工厅工作。两年以后，他又考取复旦大学硕士研究生，攻读国际金融专业，毕业后跨进了超大型企业东方国际集团上海荣恒国际贸易有限公司。这一切为他今后的择业、创业奠定了坚实基础。

2003年，对于蔡彤来说，是一个重要的人生节点——他创立了上海雅本化学有限公司并出任总经理。而对于中国手性技术产业来说，则是诞生了一颗"启明星",上海雅本主要从事手性技术产品方面的生产和研发,很快成为世界著名大公司的供应商。2005年,上海雅本化学被评为上海市高新技术企业,2008年再次获此荣誉称号。两项科技成果获得了上海市创新基金的资助,项目负责人获得了上海市启明星荣誉。公司还获得了国际中国环境基金会中国首席企业家称号、上海市科普基金会支持科普公益事业荣誉证书。

随着雅本在上海的稳健发展和生产业务量的不断扩大,企业急需扩大产能,对外扩张的欲望显得越来越强烈。蔡彤经朋友介绍,到太仓港参观考察后,被这里独特的区位优势和深厚的人文底蕴所吸引:这里位于上海一小时经济圈,直接接受来自上海的人才、资金、技术、市场等各类要素资源的辐射,加之政府高效、优质、便捷的服务,对企业的成长将十分有利。

"雅聚"高层次英才

2006年,雅本化学股份有限公司在太仓港区石化园东方东路18号创立,投资总额超亿元,公司定位将致力于成为一家医药、农药高级中间体和精细化学定制生产服务商。

研发创新是公司成长的原动力之一。公司产品研发涉及的各部门职责明确、相互协作,凭借公司丰富的行业经验,深入了解客户的需求、准确把握市场的发展方向,凭借雄厚的技术储备和持续的研发创新能力,不断改进、完善工艺,提高产品质量,降低项目开发成本,实现项目的快速开发,提高市场竞争力。公司在进行研发工作的同时,还非常注重自身技术特点,形成具有雅本特色的不对称合成技术、连续化反应技术等十大专有技术,并已达到国际先进水平。目前,公司是国内少数具备与杜邦、拜耳等国际农化公司联合研发能力的企业。截至2016年底,公司共有46项专利和2项实用新型专利获授权,其中5项专利获PCT授权;共有59项专利获受理,17

项专利获 PCT 受理。

走进雅本化学的厂区,"发挥创造力"五个大字十分醒目。"这是公司的核心理念,只有立足于创新,雅本才有源源不断的生命力。"蔡彤告诉笔者,"雅本在技术上创新,在组织架构上创新,在发展定位上创新,处处都与其他企业有所差异,雅本的生产技术是国际领先的,符合国家产业政策,是国家鼓励发展的项目,市场前景广阔。"公司立足于发展手性技术、催化技术和发酵技术,在手性拆分剂、手性药物中间体的制备、不对称合成、定位合成等技术领域研究水平达到国际先进水平,开发形成了国内首创、高出同行标准、具有专利技术的三大类产品。

雅本化学,得名于"以人为本,雅集英才"。雅本化学一直坚持以人为本的人才理念,实施企业人才战略,截至 2016 年底,共有员工 1023 名,技术支持及研究开发人才 233 人,本科及以上 230 人,博士数十人。雅本化学把研发人员分成多个课题组,承担公司下达的研究课题,负责产品的开发、研制,直至产品的产业化生产。

随着公司的不断扩大,雅本建成了江苏省企业院士工作站、博士后流动站、省级企业技术中心和苏州市手性药物合成与拆分工程技术研究中心,不仅吸引了越来越多的优秀人才,而且为人才研发新品提供了良好平台。

EHS是环境、健康、安全的英文缩写,是企业对其全部环境、职业健康、安全行为准则的声明。雅本化学每年在环境保护方面的投入不少于千万元,实现了废水循环再利用,短短几年时间先后通过了苏州市环保局和太仓市安监局组织的环境和安全"三同时"验收,通过了英国NQA国际认证公司的ISO9001质量管理体系、ISO14001环境管理体系和OHSAS18001职业健康与安全管理体系的认证。与此同时,公司通过了杜邦、罗氏、巴斯夫组织的安全审计,罗氏组织的质量及梯瓦组织的环保生态审计,成为这些国际知名大公司的可靠产品供应商。企业成为港区科技创新和纳税先进单位,太仓市国际服务外包先进单位,苏州市服务外包先进单位,江苏省高新技术企业,并获得了国际金融信用AAA资格。

建厂到上市仅用了 5 年

2011 年 9 月 6 日上午 9 时 30 分,洪亮的钟声在深圳证券交易所大厅敲响,雅本化学股份有限公司首次公开发行 A 股股票。这标志着雅本化学跨入了资本运营的崭新时代,也创下了我市民营企业从建厂到上市时间最短的纪录。时隔 4 个多月后,福布斯中文网又传佳音,雅本化学名列 2012 年中国最具潜力 100 家上市公司第 58 位。

这家民营企业为何能够实现跨越发展而且发展潜力十足?"太仓适宜发展包括手性技术在内的生物医药产业。"蔡彤说。太仓生态环境良好,靠近上海,上海正在成为中国生物医药产业的领导者,拥有复旦大学、交通大学和中科院上海有机所、药物所、生化所等生物医药技术领先的科研院所,成为生物医药专业的"海归"博士首选地,这可以让太仓就近获得人才和技术。太仓人崇文尚教,心灵手巧,适宜拓展生物医药产业……因此,蔡彤率领团队与中科院上海有机所共建手性产品联合实验室及太仓"手性谷",打造中国手性产品产业化基地。

上海有机所作为中国科学院系统一流的综合性化学研究所,在国内外享有较高的荣誉,手性技术跻身世界专业研究机构前三甲行列。丁奎岭院士是上海有机所所长,正是这样一个重量级的领军人物,与雅本化学建立了良好的合作关系。蔡彤几乎每周都要组织他的研发团队,到上海有机所召开工作例会,及时交流相关研究信息和国内外手性技术市场上的最新动态,以始终保持行业领先地位。2016 年,雅本化学收购湖州颐辉生物科技有限公司股权,展开了与中科院上海植物生理生态研究所杨晟研究员的密切合作及项目研究工作。雅本化学将在生物医药和环保技术行业进一步寻找契机并将有所突破。

正是看到了手性技术产业的美好前景,港区大力支持并鼓励雅本化学进行规模化扩张,在石化园区放大手性技术优势。作为"太仓手性谷"的首家企业,雅本化学为国际知名企业生产的配套产品已近50个,成为全国的行业排头兵。在蔡彤的感召下,一批国内外科研院所、优秀企业以及"海归"博士前来太仓考察,加快了创业"太仓手性谷"的进程。2010年,蔡彤被太仓市委、市政府表彰为首届"娄东英才"。

从太仓走上国际舞台

"2016年雅本化学的工作,可以用十六个字来概括,即先抑后扬、平分秋色、亮点纷呈、平安大吉。"蔡彤表示,雅本化学在经历了2016年上半年的低谷后,中程发力,最终全年的产量及销售额均超过了2015年。更可喜的是,医药的销售额第一次与农药齐头并进,平分秋色。

在深交所上市给雅本化学走上国际舞台插上了腾飞的翅膀。运用上市

筹集的资金,雅本化学建起了盐城基地、南通基地,构建起定位精准、分工明确的"1+3"战略体系,即一个中心、三个生产基地。上海雅本定位于管理中心、营销中心、注册中心和研发中心,作为公司的后端技术支持与前端渠道拓展,并统筹管理。盐城基地、南通基地分别主打农药、医药产品,太仓基地加快产品升级,并作为中试孵化基地。

精细化工行业的竞争日趋激烈,雅本化学在保持农药中间体产品竞争优势的同时,扩大医药中间体产品的竞争能力。2016年3月,雅本化学完成了以支付现金与发行股票收购上海朴颐化学科技有限公司100%股权的交割工作,朴颐成为雅本化学的全资子公司将进一步完善公司业务条线、加强医药中间体研发、销售能力,进而提升核心竞争力。同时,公司发展生物酶催化技术,不断积累与革新,形成了酶基因克隆、表达、改造、发酵、分离提取、酶转化反应以及酶固定化等技术研发和产业化经验,也为公司未来可持续发展提供了强有力的保障。

随着国内形势变得日益严峻,雅本化学频繁开展并购交易谈判。蔡彤表示,他希望收购便宜的海外资产,然后将其注入到雅本化学中去,从而使其较高的估值变得更加合理。在过去几年时间里,他每年都会去欧美、以色列数次。未来仍将持续对外开展投资并购,通过并购,一方面引进先进技术和管理经验,另一方面向产业链的上下游合理延伸和扩张,迅速提升主业规模和壮大经营实力。

(□李孝忠 文/图)

专业、精密、盈利、持久。他带领宝骅强化技术创新，参与制定行业标准，实现了核电密封件国产化——

马志刚：专注核电密封件

年底赶着拜访上海、南京等地的专家教授和客户，大年初二又要飞往英国……苏州宝骅机械技术有限公司董事长马志刚的日程安排得满满当当，笔者连续几次跟他预约都没能约到。2016年农历大年三十，他终于挤出时间接受笔者采访。他认为小企业的发展必须坚持走专业、精密、盈利、持久之路。

这几年，马志刚带领宝骅聚焦核电、石化等领域的高端密封件，持续加大研发投入，建起了国家能源核电站核级设备研发中心核级静密封实验室、江苏省核电密封件工程技术研究中心。他强化研发团队建设，与中科华核电技术研究院等科研院所加强合作,参与行业标准的制定,取得了一项项令人瞩目的成绩。作为一家高新技术企业,目前宝骅获得了25项发明专利、27项实用新型专利、6项国家级技术鉴定、1项国家重大科技成果转化、2项国家级重点新产品和2项省级新产品。

胸怀激情试水密封材料

今年50岁的马志刚出生于太仓,在创业之路上已经激情挥洒了25年。"那时候,看到好多人辞职下海,我也坐不住了,创办了一家环境工程公司。"坐在笔者对面的马志刚温文儒雅、理智自信。与同批下海"游泳者"不同的是,毕业于华东理工大学的他特别注重学习,一边创业一边攻读硕士学位。

他带领企业尊崇"踏实、拼搏、责任"的精神,用心服务客户,坚持用自己的服务去打动客户。当环境工程公司有所建树时,他却敏锐地意识到企业必须构建技术优势,加快优化升级。

"我学的是密封专业,应当沿着自己的专业进行市场拓展。"马志刚爱好书法,那个晚上,他临帖了2个小时,把心情调节到最佳状态,做出了最适合自己的抉择。第二天,他注册了宝骅,生产普通密封板材和垫片,进而加盟法国拉迪公司,代理经销核级密封件。当时核级密封件几乎全部依赖进口,国外企业在这方面完全处于垄断地位,宝骅为啥不能突破行业垄断呢?

从那时候起,马志刚带领宝骅开始专注于中高端密封产品研发、设计、制造与技术咨询。用专业术语说,他走了一条企业利基化的道路,在一个高度专业化细分的市场上专注做某一类业务,并追求在该领域内的规模优势。"不管在美国还是欧洲,有这样的中小企业,但他们每一家都是一个行业的领导者,有着说一不二的话语权。"马志刚介绍说。

瞄准新的方向,马志刚建立 5000 平方米标准化生产清洁车间,购进激光切割机、全自动垫片切割机等先进的数控制造设备,严格按照相关标准规范进行制造。每年拿出销售额的 10% 进行创新和研发,设立专门的技术研究中心,配备高素质的密封专业技术人员,建立先进的化学实验室、材料实验室和密封性实验室,为客户提供各项性能测试、产品开发和技术服务。现在,宝骅拥有国内首创并具有自主知识产权的试验装备及研究平台和高性能密封材料技术研究中心,密封实验室成为国家能源核电站核级设备研发中心核级静密封实验室,工程技术研究中心成为江苏省核电密封件工程技术研究中心,可对密封产品在高温、高压下的力学和密封性能进行检测。

弘扬工匠精神开发新品

最近几年,马志刚开发的核级石墨密封垫片、多级恒应力密封垫片、核电站稳压器、蒸发器人孔密封垫片、自主化第三代核电机组 ACP1000 核级密封件、C 型密封环工程样件及专用材料和核级密封件热工水力试验台架等产品相继通过国家能源局鉴定,并获得中国核电行业主要公司合格供货资格认证。

核级密封件是核电成套设备中最基础、最小的零部件之一,用于核电设备、阀门和管道法兰的密封,简单地说就是防止核泄漏。马志刚介绍说,"这些新产品看似简单,但要真正彻底搞清楚它的原理和本质,将之贯穿于设计、制造、试验之中,并最终能在最苛刻的工况条件下安全可靠运行,却非易事,因为它的工作温度是343℃,工作压力是15.2MPa的放射性介质。"

"从基础理论研究到初步设计,再到最终产品研制成功,历时近3年,其间经历了大量工艺性试验、型式试验和模拟热循环回路试验,各种试验累计超过500次,中间的坎坷曲折,非亲历是无法体会的。"马志刚回忆道。在攻关过程中,他带领团队弘扬工匠精神,夜以继日奋战。如高温试验不能间断,要十几个小时,试验人员在实验室一待就是一整天;再如6次设备标定,每次标定耗时30多个小时,并会产生100多万个数据。

核电产品最重要的特点,就是高度的可靠性,要做到零风险,国家对此有非常严格的标准和要求。因此,核电产品制造必须建立极为严格的质量保证体系。马志刚举例说,石墨原材料的质量控制就几近"苛刻",首先要制订严格的《采购技术规格书》,并在全国数十家的石墨生产企业中进行筛

选,择其优者,而且在石墨生产过程中宝骅的工程师全程跟踪,进行源地监造,对每一次采购的石墨进行记录、留样,并进行严格的检验、检测,以确保石墨品质的稳定可靠,确保石墨的低硫、低氯和高纯度。

现在宝骅的核电用密封垫片的总体技术已达到国际先进水平。这意味着什么?"这是核电中小设备的国产化非常关键的一步。"有关专家表示,宝骅的密封垫产品价格只有进口产品的30%,而在依赖进口的时候,一个核电站的密封垫片采购资金就要3000万欧元。更重要的是,这些产品为中国核工业的供货安全提供了保障。

做价值链上资源整合者

宝骅生产的核级石墨密封垫片一次成型的制造工艺和其质量的稳定性,属于国内首创;在限制外环上设置第二密封面,形成双重密封,实现引漏和对泄漏监控提供条件,属于国际独创;研制的 1/2"–24"全尺寸垫片,可应用于核电站的各种设备;反应堆大盖密封环的研发……这些技术使得宝骅成为国内的核级石墨密封垫片主力供应者,打破国外产品在核级石墨密封垫片的垄断地位。

在国家大力推进技术创新以及设备与配件国产化进程中,宝骅凭借深厚的技术积淀,不仅新产品应用于核电,密封产品也进入了多个核电项目。同时,这些新产品在火电、石化、冶金、船舶等行业也得以加速推广。

"要做百年企业,不能满足于已经取得的成绩,必须构建新的发展模式。"从最初代理法国的核级产品,到自主研发核级管道密封产品,再到现在涉足拥有自主知识产权的反应堆压力容器C型密封环,马志刚带领宝骅一步一个脚印坚定前行。他给自己"挑刺"说,那是"滚雪球"模式,主要靠个人能力和带好一个团队,未来如果依然靠这样的模式,无异于刻舟求剑。

为此,他强化企业文化建设,赋予企业"诚信、合作、共赢、感激"的文化内涵,鼓励员工开展形式多样的文化活动,在企业联欢会上带头领唱《明天会更好》,忙里偷闲强化书法练习,在公司会议室等场所悬挂自己的书法作品;引导员工研究新理论新方法,走出去对照标准找差距找方向,共同为客户创造价值。

马志刚表示,今后他将从专业的角度挖掘客户需求,进一步做精自己的产品,借助互联网和资本,做价值链上的资源整合者,更好地帮助客户解决痛点,为太仓小企业做优做特提供样本。 (□李孝忠 文/图)

TPU人造革引领行业升级,球革制成足球、篮球、排球,"弹进"国际赛场。他以创新抢占高端市场——

高金岗:睿智行走在人造革"T台"

(中为高金岗)

刚从国外洽谈业务归来,又忙着赴苏州参加由中国塑料加工工业协会人造革合成革专业委员会组织的《热塑性聚氨酯弹性体(TPU)人造革通用技术条件(征求意见稿)》等3项行业标准征求意见稿工作组会议。最近预约华伦皮塑(苏州)有限公司董事长高金岗进行采访,笔者发现他的日程一直安排得满满当当。正是由于他注重技术创新,强化拓展国际市场,华伦皮塑在周边同行停产倒闭的背景下实现了稳步发展,年销售突破了4亿元。

球革"弹进"世界杯足球赛

时间追溯到2010年6月11日至7月11日,第19届世界杯足球赛在南非10个城市举行,各大洲的32支足球队进行了64场赛事,决出4年一度的最强国家足球队。鲜为人知的是,这届世界杯足球赛上的足球是由华伦皮塑研发的球革制成。

"我们的球革不仅可以制成足球,还可以制成篮球、排球等球类产品,这些球类产品多次'弹进'世界杯足球赛等国际赛事。"高金岗向笔者介绍说。今年54岁的高金岗出生于山东,大学毕业后就进入了人造革行业,先后就职于秦皇岛福胜制革研究所、温州一家人造革生产制造企业,2000年来到太仓创办华伦皮塑(苏州)有限公司,进而购并了毛毯厂、毛皮厂等4家破产企业,盘活存量资产而拥有了今天的生产规模。他高兴地说:"我们的球革拥有发明专利,不仅吸汗性强,而且耐撞击能力突破了2万次。"

华伦皮塑是一家中外合资企业,总投资1600万美元,主要从事各种TPU人造革的研发、生产和销售。自企业成立以来,高金岗就组建起由北大高分子材料高级工程师王俊峰教授、韩国高分子材料专家金明来等150多名工程技术人员组成的研发队伍,与哈尔滨东方大学等高校建立合作关系,不断开发新品,引进聚氨酯柔软皮生产线、干式生产线、湿式生产线、高档压纹机、双色印刷机、意大利ROLLMAC辊涂机、喷光生产线等国际先进设备和先进生产线,加速创新成果转化。"我们的合成革功能每4年突破一次,外观新品每10天诞生一款。"高金岗领着笔者走进一间仓库,笔者看到偌大的空间内摆放着数排多层货架,货架的每一格上都摆满了一卷卷新品。

"真皮的原料越来越紧缺,人造革面临着环保门槛,合成革发展的空间越来越大。"高金岗表示,为了找准新产品研发方向,拓展合成革面料的使用范围,他花费了大量时间进行市场调研,一年的大部分时间在欧美考察,因为不开发不创新,企业只有死路一条。34年前,他进入合成革行业时,全世界只有20多家合成革企业,中国有5家;今天,仅中国的合成革企业就增加到了862家。20年前,华伦皮塑开发了一款合成革产品,价格是每平方米23元,那时员工月工资只有300多元;现在,这款合成革产品价格下跌到每平方米13元,安徽的一些同行甚至把价格压到每平方米6元以下,而企业员工月工资已涨到3000多元。

正是由于注重创新,华伦皮塑开发的沙发革、箱包革、球革、鞋革、手套革、汽车革、特种革畅销全球50多个国家和地区。特别是在浙江等周边地区同行停产、倒闭的不利因素下,华伦皮塑的生产线依然高效运转。

TPU标准抢占行业话语权

2017年5月16日,苏州市姑苏区乔司空巷的一个会议室内气氛热烈。中国塑料加工工业协会人造革合成革专业委员会的制标工作组,正在这里对3项行业标准征求意见。令笔者颇为兴奋的是,会场热议的《热塑性聚氨酯弹性体(TPU)人造革通用技术条件(征求意见稿)》等2项标准由华伦皮塑主导起草。

看上去,华伦皮塑公司并不起眼,为何能够开发出功能优异的新产品并主导起草行业标准？来到华伦皮塑采访时,笔者看到高金岗正在与5名技术人员讨论一项技术难题,于是坐在一边旁听。这是一款即将面世的箱包面料,技术人员已经试机4次,可依然存在平整度不够的问题。在高金岗的启发下,其中一位中年技术人员突然眼前一亮,建议给现有设备安装一个新装置,全场人员表示赞同。

"人造革行业具有高污染、高耗能的根本缺陷,如果不注重创新,不断消除缺陷,环境保护、节能减排等'红线'就会越来越限制我们的生存发展。"高金岗介绍说。于是,高金岗持续加大研发投入,组织工程技术人员攻坚克难。华伦皮塑成为中国塑料加工工业协会人造革合成革委员会副会长单位、高新技术企业、省级工程技术研究中心。

2013年4月29日,华伦皮塑开发的聚氨酯弹性体(TPU)合成革通过行业鉴定。与会专家认为,这一新产品生产过程中不使用燃煤锅炉,不添加有机溶剂和有毒有害物质,先进工艺扭转了人造革行业高污染、高耗能的根本缺陷,将引发人造革行业革命;产品符合欧美相关标准的320项指标要求,具有高耐磨、耐水解、耐黄变、耐寒耐曲直等优异性能,使用年限是常规产品的3至5倍。

随着具有自主知识产权的TPU上市,加拿大莫本公司等世界知名合成革供应商竞相抛来"橄榄枝"。"我们开发的TPU合成革具有核心技术,别人不能轻易模仿,我们正在申请世界专利。"高金岗没有轻易签约,而是反复斟酌,他说好的产品必须与好的客户合作,才能最大限度地拓展国际市场。

瑞高新材迈向资本市场

2017年5月5日,总投资2亿元的苏州瑞高新材料有限公司在璜泾镇投入试运行。这标志着华伦皮塑自主开发的聚氨酯弹性体(TPU)合成革迈上了资本市场的征途。

随着人造革行业绿色发展步伐加快,市场对于TPU合成革的需求越来越大,原有的生产线尽管开足马力生产,依然难以满足客户需求。"市场遵循快鱼吃慢鱼的规则,TPU必须加快发展步伐。"高金岗也遇到了尴尬事,华伦皮塑原有的200亩土地和相应厂房已经难以适应企业的发展。

在市发改委、经信委、璜泾镇镇政府等单位的支持下,高金岗成立苏州瑞高新材料有限公司,另择新址建设1.3万平方米的大跨度2层厂房,专业生产TPU合成革,致力开拓汽车内饰件市场。可就在这时,企业又遇到了资金难题,他又引进3家风投公司,加快企业的股份制改造。

高金岗表示,今后,他将加快转型升级步伐,全力推进瑞高新材在深交所上市,争取早日成为居于中国合成革行业领导地位的大型企业集团。

(□李孝忠 文/图)

自主研发全自动炒货生产流水线,在全国各地设立直销点,给休闲食品装上互联网翅膀。10年内,他的炒货小作坊创出了中国驰名商标——

谢东奎:一口"锅"炒出5个亿

网络操作员轮番操作电脑,每秒钟接进数百人次客户信息;货物包装工分成两个班次,不停地打包裹、贴邮单;快递车辆穿梭往来,把大大小小的包裹精准送往全国各地……2017年9月1日,笔者来到苏州口水娃食品有限公司采访,看到这里的电子商务呈现出一派忙碌景象。

"我们在淘宝网、天猫、京东商城等知名电商平台上都建立了自己的旗舰店,预计今年电商销售要突破1.5亿元。"苏州口水娃食品有限公司是一家集研发、制造、加工、营销为一体的农业科技型企业,董事长谢东奎在送走几批客商后接受了笔者采访。线上线下融合,口水娃每天都有几百吨货物发往全国各地,年产值5亿多元,先后获得全国坚果炒货行业综合经济(品牌)20强企业、全国食品工业优秀龙头食品企业、江苏省农业产业化省级重点龙头企业、江苏产品万里行开拓优秀企业、苏州市质量奖等荣誉。

把握市场脉搏,全身心进军炒货行业

豆类、坚果等炒货不时散发出诱人芳香,集聚五湖四海风味的特色产品看得人眼花缭乱。笔者走进口水娃样品陈列室,宛若走进了一个小型炒货展销会。更令人惊奇的是,谢东奎推出的这1200多种规格的产品都是从一颗蚕豆衍生而出。

身材中等的谢东奎,1973年出生于浙江宁波,是上海知青子女,在家中排行老二。为响应国家知青子女回沪政策,他来到了大上海闯荡,开过理发店,贩过海鲜、鱼片干、蜜饯、炒货、小商品,当过多家国际知名食品企业的代理商,生产经营过糖果。传承"自强不息、坚韧不拔、勇于创新、讲求实效"的浙商精神,他的每一样生意都做得风生水起,也为他后来进军炒货行业奠定了坚实基础。

一个晴好的天气,谢东奎在上海南京路卖出了一面包车糖果,正自鸣得意时,他的送货员带回一条信息,让他惊讶不已。"一个卖豆子的,一天卖了一卡车。"第二天一早,他与送货员一起来到现场核实。一整天下来,他看到了兰花豆的巨大市场空间,于是买回锅子、铲子、蚕豆及辅料,练习炒豆子。通过一年多的试验,他炒出了那位卖豆人的水准。

豆子难道只能炒出一种口味?一口锅难道只能炒豆子?当看到美国人用土豆做出薯条时,谢东奎对自己的小作坊产生了质疑。这一质疑,让他看到了不一样的炒货市场以及休闲食品的巨大市场空间。于是,他到双凤购买了38亩土地,成立了苏州口水娃食品有限公司。

革新锅子铲子,开发先进炒货流水线

比重、色选、清洗、烘炒、添加调料,蚕豆几分钟就变成了美味的兰花豆,而且没有传统炒货生产过程中的烟熏火燎。走进苏州口水娃食品有限公司车间,呈现在笔者眼前的是全自动炒货生产流水线和无尘生产环境。

在不少人的印象中,传统炒货行业的装备无非就是锅子和铲子。"'工欲善其事,必先利其器。'我们必须要改变炒货设备在顾客心目中的不良印象。"秉持着这样的理念,口水娃建设之初,谢东奎就提出了建设现代化工厂、打造休闲食品基地的目标。即使碰上了后来的国际金融危机,他的这一信念也未动摇过。

当时国内没有专业的全自动炒货生产流水线,谢东奎与设备生产厂家一起研发,与江南大学合作,自主研发出了多条以花生、蚕豆、瓜子为主的国内先进水平的全自动炒货生产流水线,实现了炒货设备的升级换代。谢东奎介绍,迄今为止,口水娃已拥有发明专利8项、外观专利142项、省级新产品2项;承担了2项"国家星火计划"项目;曾荣获"全国坚果炒货科学技术进步奖"二等奖。

同时,口水娃强化内部管理,通过ISO9001:2008、ISO14001:2004、HACCP体系认证,按照标准组织生产,全面提升产品质量。笔者看到,口水娃的生产车间使用了量身定制、专门研发的加工设备,工人下班前先清洗设备,确保生产环境卫生。

建设技术中心,打造出中国驰名商标

如何让消费者喜欢上这颗"蚕豆"?"首先要严把食品安全关。"谢东奎严肃表示。口水娃到东北、西北、苏北等地建立原料种植基地,收购时保证原料的均匀度、色泽率达到标准,收购后马上存入保温库。从原料到炒货,整个生产过程由电脑控制的流水线完成,工人们的任务就是把小包装产品

装入箱内。

为开发出更多符合消费者口味的新产品,谢东奎建起江苏省企业技术中心,组建产品研发团队,引进全国各地的特色风味食品,进行产品改良、口味更新及新产品开发。

新产品批量上市前,谢东奎常常组织营销人员反复观察、分析消费者的反应,进而改进口味和包装;组织小学生当"评委",对其进行试吃,哪一个受到欢迎,再通过展销会、广告等一系列手法进行推广,放进覆盖全国近2800个县市的销售网络进行销售。

消费者发现,口水娃产品口味更好了,品种更多了。"企业要发展必须适应市场需求!"谢东奎表示,口水娃相继开发出了兰花豆、怪味豆、多味花生、五香花生、老酒花生、脆皮花生、膨化食品、瓜子等1200余种规格口味的产品,拥有"口水娃""月亮街""江南每食"三大品牌,口水娃先后获得苏州市名牌产品、江苏省名牌产品、苏州市知名字号、江苏省著名商标、中国驰名商标等荣誉。

互联网+炒货,电商一天发货上万单

每天有你有滋有味!2017年"七夕"节期间,口水娃推出的"1314"礼盒在网上热销,成为众多男青年向女青年表达爱慕之情的传情之物。

"像这样的礼品盒,我们的电商一天要销出几千单。"第一次听到上海1号店销售每年增长10倍,谢东奎就敏感地意识到互联网时代已经来临,一旦错过,那就不只是一个商机,而是一个时代。尽管当时对互联网知之甚少,但并没滞缓他发展网上商务平台的脚步。谢东奎开始了一系列工作:聘请专业人员,建立电商队伍,开设淘宝官方旗舰店。

起初每天只有一两单生意,一年的营收尚不够支付电商人员工资,有的管理人员对电商产生了怀疑。"电子商务是一个新生事物,我们只有紧跟

它的步伐前行,才能给口水娃的发展增添新的动能。"谢东奎统一全体人员认识,壮大电商队伍,分析电商消费特色,强化电商营销,开发迎春大礼盒、"1314"礼盒等新产品,到天猫、京东商城等知名电商平台上扩大旗舰店规模。

独特的口味,新颖的产品,实惠的价格,不懈的坚持,口水娃赢得了全国各地消费者的青睐。网上选购口水娃的订单快速上升,从每天1000单、2000单……上升到现在的上万单。现在的口水娃跻身"2016年中国农产品企业品牌网络声誉50强"榜单第7位,口水娃淘宝官方旗舰店销售额排行全网前列。

面向未来,口水娃确立了新的10年愿景。谢东奎说,他们将打造生态休闲零食品牌,争取在10年内开发100个新产品,增加1000个合作伙伴,增加1万个客户。

(□李孝忠 文/图)

创新以恒,解痛点挠痒点,引领行业前行。12年来,他带领新亚科技每月开发一款新品,实现了从销售控制器到提供制冷设备管理的跃升——

闻建中:让制冷设备更聪明

"以善存心,以德存世。客户脸上的微笑,是我们创新的永恒目标。"2017年1月13日,笔者来到苏州新亚科技有限公司采访,看到办公楼里嵌入了许多国学经典文化元素。刚开完营销工作会议的董事长闻建中向笔者介绍说:"我们坚持诚信至善,创新以恒,实现了从销售控制器、控制系统、控制方案到提供制冷设备管理的'三级跳',赢得了越来越多的客户的尊重。"

自公司成立以来,闻建中带领新亚科技每月开发一款新品。现在,新亚科技拥有23大系列400多种产品,广泛应用于冷冻冷藏、空调热泵、太阳能、物联网技术等领域,获得 6 项发明专利、29 项实用新型专利、2 项外观专利、7 项软件著作权和 7 项商标权,12 个产品被认定为省高新技术产品,2 个产品被认定为省自主创新产品并被列入政府采购目录,获得国家中小企业创新基金、中国热泵联盟科技创新奖、中国北极熊科技创新奖、上海国际制冷展新产品奖等奖项,成为省自主创新型试点企业、省科技小巨人入库企业、省互联网与工业融合创新试点企业。

怀揣梦想辞职创业

身材魁梧的闻建中随身背着一个登山包,他说挑战始终是他事业的主旋律,他喜欢爬过事业的一个又一个山坡。从上海轻工业学校毕业后,出生于太仓浮桥的他被分配到了一家国企工作,然而国企的工作不能充分发挥他的通信专业特长,于是辞职创业。

"创业初期,大公司对我们小企业的产品不认可,甚至即使我们的产品性能优于竞争对手,也难以得到大公司的认同。"基于这一现实,闻建中强化品牌建设,注册了"新亚洲"商标。经过一段时间的积淀,这一品牌成为苏州市知名商标。

"用户没有忠诚度,合作是基于价值,否则他们不会跟我合作。要赢得客户尊重,必须提供让其满意的产品。"闻建中与中科院上海分院、南京分院,上海交大和上海复旦等科研院所、大专院校建立紧密合作关系,持续引进专业技术人才,开发出物联网远程监控温度控制器、物联网远程监控电气柜、物联网电机保护器、物联网温湿度记录仪等 23 大系列 400 多种产品。

借力互联网深"潜水"

不久前,昆明一家食品公司把冷库内价值 2000 万元的松茸发往日本。日方客户收到这批冷藏松茸后,连声夸赞这批松茸新鲜度好,口感好。而昆明这家食品公司负责人则说,这多亏新亚科技帮助他们建成了智慧冷库,

既解决了松茸存储期间的安全问题,又解决了客户定期检查的麻烦。

"这个智慧冷库就融入了互联网技术。"闻建中创业不久,就认识到了互联网发展对社会的价值。因为有了电,才有了冰箱、电视、电机等家用电器福荫人类。互联网会与电一样,逐步成为社会的基础设施,衍生出很多产品。当时,他就设想把互联网与新亚科技的产品结合起来,给客户带来全新模式,把人为的非专业变成专业高效管理,把控制用电变成管理用电。

飞机制造厂家做出了成功实践,给发动机装上传感器,直接采集发动机运行数据,有效解决了维护过度和维护缺失问题,甚至发现了飞机起飞降落过程中飞行员70%的操作不规范问题,一举把飞机最有价值的部位从飞机发动机转向它产生的数据。受这些成功实践的启发,闻建中利用互联网把冷冻设备运行数据收集起来,把制冷、电子、电气、通信、网络、大数据、云平台等技术整合到一起,打造冷冻设备管理中心,重点打造智慧冷库,这比同行们提前了5年多。

解决用户痛点痒点

昆山一家企业的速冻库长时间运行、耗电居高不下、吵得隔壁公司员工睡不好觉。经过新亚科技的改造,速冻库变成了智慧冷库。通过对一段时间的运行数据进行分析，智慧冷库帮助这家企业找到了入库商品温度超高、制冷系统制冷剂泄漏导致运行效率低等问题。最后这家企业改善入库温度、保养制冷系统，一天开机24小时降低到不足4小时，不仅节省了冷库运行成本，邻里纠纷也悄然化解。

"我们的智慧冷库控制方案具备安全监测、运行节能、控温精准、远程操控等四大技术。"闻建中说，安全监测可以保证食品在规定的温度范围内存储，可以分析制冷设备的运行数据，延长设备的使用寿命；运行节能通过平衡冷量供需，改善控制环节与控制逻辑，比传统冷库节省能源30%；控温精准就是把冷库温度变化的范围控制在正负0.5摄氏度范围内；远程操控可以进行远程查看及参数调整，智能化判断故障所在，通过多种途径反馈给使用者。

这四大技术不仅帮助用户实现了价值最大化，而且抬高"门槛"挡住了模仿者，帮助新亚科技超越外企成为行业的领导者。"这是被行业竞争逼出来的，那时候产品一直被模仿，培养出来的人才不时被外资企业挖走。"闻建中说："产品被模仿是因为缺少核心技术，人才被挖走是企业不够强大。"因此，他立志提高产品技术含量，引领行业前行。

"四大技术是物联网电控箱的基础,也是产品能被用户认可的价值所在。"闻建中说,传统电控箱是一个具备控制功能的产品,而物联网电控箱不仅是一个产品,更是一套系统,解决了用户在储品安全、冷库设备安全、节能环保、经济运行等方面的痛点痒点。用户通过手机,就可以高效查看冷库温度、调整温度、开机和关机,全面管理冷库的能耗、设备和日常运行。这有利于企业节约使用能源、集约使用社会资源,对减少和控制雾霾天气也有一定作用。

构建多方共赢模式

"只有企业、渠道商、工程商、用户都能赚钱的产品才叫好产品,这样的商业模式才能长久。"营销是创业的重要环节,闻建中对于营销有着独到见解,结合自身实践开发出了全新商业模式,把压价竞争的资源输出型销售模式变为用户端资源源源不断地输入到行业内的资源输入型销售,一下子解决了行业的难题。

工程商是新亚科技的重要客户,与其他行业一样经常会遇到低价格竞争、尾款难收、维护旁落、维护效率低等问题。新亚科技开发的物联网电控

箱挖掘出用户更多需求,改变了冷库竞标价格占比太高的局面,帮助工程商既获得相对丰厚的初期安装回报,又得到为冷库提供服务带来的长效利润。闻建中提供了一组数据,工程商如果安装了新亚科技的物联网电控箱,第二年就有每套80元的分成;按照每年新装或改造100个冷库计算,第二年的分成是8000元,第十一年累计多赚44万元。

得益于让产业链各方受益的营销模式,新亚科技的销售网络遍及全国96%以上的地级市,世界15个国家和地区。经销商增加到412家,在欧、美及亚太地区的海外经销商扩大到50多家,配套工厂增至153家,其中包括美国开利、意大利高浦龙、中国志高、锦江集团、水族行业第一的森森集团等国内外知名公司。

随着电商的发展和消费者对高质量冷藏品的需求增加,全国的冷库在拥有400万座的基础上,每年以35万座的数量在增长。闻建中表示,他们将抢抓这一机遇,全力把"新亚洲"品牌打造成为温控行业第一品牌,成为客户心中永恒的烙印,让越来越多的客户用得更放心,为太仓智能装备产业发展和制冷设备行业的发展做出新的贡献。 (□李孝忠 文/图)

从设备维修工到外企"工程师",再到中国链传动行业的引领者,他弘扬工匠精神,锐意创新创业,开发的新产品荣获中国机械通用零部件工业协会特等奖——

何汉朝:引路中国链传动行业

前几天,越南有一场电动车摩托车工业展,虽然远隔千里之遥,但这场展会却牵动着苏州椿盟智能科技有限公司总经理何汉朝的心。

展会是企业展示自身产品与形象,寻求合作商机的重要平台。当下,椿盟公司并不愁订单,因为他们的生产已经安排得满满的了,但何汉朝不管工作多忙、事务多繁重,都要亲赴会展现场。越南等东南亚国家是椿盟海外的一个重要市场,这次椿盟没有在展会上设置摊位,但何汉朝知道,肯定会有客户希望在展会上见到椿盟,商洽今后的合作事宜。

中等身材的何汉朝,眼中闪动着智慧的神采。他的企业申请了153项专利,其中44项获得发明专利授权,前年专利数在苏州科技局综合排名中位居第七,开发的新产品先后荣获中国机械通用零部件工业协会链传动行业自主创新优秀新产品特等奖、优秀奖,主营业务收入持续保持高速增长。

消化吸收国际领先技术

伴随着改革开放,越来越多的外资企业陆续落户太仓,新太仓人数量日渐增多。20世纪80年代末期,来自广西的何汉朝,像许多新太仓人一样,提着简单的行囊,来到太仓一家外资企业打工。

来太仓前,何汉朝在一家军工企业学习了电焊、电工等技术,于是这家外资企业把他放到了设备维修岗位。当看到那些国际领先的装备时,他惊讶不已,心中暗暗发誓:一定要消化吸收这些国际领先技术。

上班时,他比同事更认真,精心维护设备、工件,记录好相关数据;下班后,同事们一起聊天或外出娱乐了,他独自待在宿舍,充实专业知识,遇到不懂的难题,就记录在笔记本上,向外方工程技术人员求教。时间一长,他成了这家外企的"工程师",也为后来的创新创业打下了坚实基础。

甘为中国链传动做"嫁衣"

最近,椿盟制造的销轴切断机、串片机、挑管机、自动生产线相继发往德国伊维氏和日本、印尼客商工厂。"我们的链传动技术、研发能力、装备制造总量,在国内同行中处于老大位置,产品不仅替代进口,而且受到国外客户青睐,就连以严谨著称的德企也喜欢与我们合作。"何汉朝用务实的行动兑现了当初的诺言。

那时,国内链传动技术严重落后于国外,何汉朝决定要为中国链传动产业发展做"嫁衣"。尽管这家外资企业薪水较高,他还是毅然辞职,于2006年来到娄东街道洙泾村租赁了500平方米厂房,创办太仓椿盟链传动有限公司。

河北一家链条厂,投入数千万元研发四元件链条,但是没有成功,研发人员焦急不已。在朋友的介绍下,这家企业找到了何汉朝。何汉朝检查了那里的生产工艺和原材料后,说出了自己的设想,对方当场与他签订了500万元订单。

去年,何汉朝将公司名称由"链传动"改为"智能科技",说起改名,何汉朝表示,之前的名称常被客户误认为椿盟只是做链条,但事实上,除了链条,椿盟还生产相关设备,特别是自动化设备,对中国链传动产业的贡献越来越大。

"有一种规格的链条,椿盟成立前是每条20多元。在原材料价格、人工费用上涨3至5倍的背景下,现在它已经降低到3.5元。"何汉朝报出了一组简单的数据。

大雪压青松,青松挺且直

大雪压青松,青松挺且直。要知松高洁,待到雪化时。何汉朝的创业历程与陈毅所写的《青松》颇为相似。

创业不久,原厂房难以满足生产需要。在征得有关单位同意后,何汉朝筹集资金扩建厂房。谁知一场意外悄然降临,一场罕见的大雪压垮了新建厂房。"幸好新厂房尚未投用,里面没有人员、设备,否则损失更大。"回忆起当时的场景,他后怕不已。

面对困难,何汉朝挺直腰杆,重新筹集资金,盖好厂房,增加加工中心、车床、铣床、磨床、冲床等生产设备,设立独立的研发部门,加速研发自动圆铆接头组装机、链条智能化自动检测生产线等链传动装备。

创新路上充满荆棘。何汉朝带领技术团队,开发出了一款链条智能化自动检测生产线,可检测探头寿命太短,用不了几次就"罢工"。

仔细分析,原来是检测探头的材料不耐磨,于是椿盟开始寻找特种合金钢替代原有材料。花费了半年时间,终于找到一家企业,可人家是做大批量的出口订单,椿盟的用量太少,加工起来亏本。没有办法,何汉朝把这家企业的负责人请到厂内考察,告诉他这牵涉到国内链传动行业的发展。大义面前,这家企业同意生产2公斤特种合金钢,使得这条生产线顺利研发成功。后来,这一装备荣获中国机械通用零部件工业协会链传动行业自主创新优秀新产品优秀奖。

凭着这股执着的精神,椿盟成为高新技术企业、省民营科技企业、全国链传动标准化技术委员会委员单位、中国机械通用零部件工业协会理事单位。

延伸产业链,冲击新三板

汽车用传动链条正向可靠化、轻量化和静音化方向发展,高品质链条的生产离不开智能化和自动化生产线。瞄准这一趋势,何汉朝带领技术团队实施"面向汽车链条批量定制的智能自动化生产的研发",并获得了省重点研发计划立项。

"我们不仅是对现有的链条生产线进行全自动化改造,而且还面向汽车链条批量定制生产进行升级和革新现有生产线,以更有利于增加成套链条生产线装备的附加值。"谈起新装备应用推广时,何汉朝信心满满,链条无人化生产线是椿盟正在研发的一款新装备,已被中国机械通用零部件工业协会报到工信部"十三五"规划之中。

借助这些智能化产品,椿盟的市场逐步从国内的区域代理经销、代理销售点走向海外,如东南亚、德国等地区和国家,现在业务已经进入南美洲的巴西。作为一家专门生产链条智能化设备的公司,椿盟在行业内已经具有较高知名度。

椿盟正在与券商商谈,筹划在新三板上市。何汉朝表示,今后他们将通过在新三板上市或者与上市公司合作,应用自己研发的最新装备,向下游延伸扩大链条生产规模,争取为地方经济发展做出更大贡献。

(□李孝忠 戴周华 文/图)

耐腐蚀,耐高温,无泄漏,效率高,寿命长。他带领团队研发生产出具有国际水平的磁力离心泵——

蔡国华:挑战"德国师傅"高精尖

金属磁力离心泵使用温度400℃,远远高出国外同行的300℃;塑料磁力离心泵使用温度220℃,远远高出国外同行的100℃;先后获得科技部火炬计划项目和创新基金项目立项并通过验收;不断升级的高效率、低能耗磁力泵直接挑战以精益求精著称的"德国师傅"……这就是太仓市磁力驱动泵有限公司研发生产的"天祥"磁力泵。为此,这家太仓本土民营企业获评高新技术企业、中国民营企业促进会授予的民营科技发展贡献奖,成为"全国高效节能装备产业发展联盟磁力泵行业"唯一理事单位。

"民营企业的发展必须依靠科技创新。"太仓市磁力驱动泵有限公司总经理蔡国华带头钻研技术,带领团队攻关,多次获评苏州市政府、太仓市政府授予的科技进步奖。2017年7月31日,蔡国华在接受笔者采访时表示,他们建立了苏州市级磁力泵研发中心,坚持自主创新与产学研合作相结合,先后与吉林大学、江苏大学、江苏理工大学、上海化工研究院等多所高校科研院所建立了紧密合作关系,产品受到了浙江新和成股份公司、浙江医药股份公司、山东新时代药业公司、山东新发药业公司、中国石化巴陵公司等众多国内客户青睐,同时受到德国的巴斯夫、拜耳、亨斯曼,俄罗斯villna公司,新加坡的索尔维等国际知名企业的追捧。

磁力泵行业他一干就是30年

数控车床、加工中心等设备有序运转,一台台高效率、低能耗的磁力泵走出总装平台。笔者走进太仓磁力泵车间,看到蔡国华正在检查生产进度、产品质量和安全生产。

"走在车间里,看着打了一辈子交道的磁力泵事业持续发展,感觉特别开心,仿佛又年轻了许多。"蔡国华出生于城厢镇,今年62岁,年轻时当过生产队会计、队长以及团支部书记、大队会计,后来到太仓磁力泵公司工作。1996年企业改制,他出任公司董事长兼总经理。

磁力离心泵为化工企业化学介质输送杜绝跑、冒、滴、漏现象,消除环境污染,创造"无泄漏车间""无泄漏工厂",实现安全、文明、清洁生产的工业用泵。而有机硅、醋酐、氯化苯等一些精细化工行业化学介质的输送,对耐腐蚀、耐高温等指标提出了更高要求。"过去用于这一领域的磁力离心泵,我国基本从国外进口,不仅价格昂贵,而且备件周期长、服务不及时。"蔡国华在磁力驱动泵行业摸爬滚打了30年,对这一行业的发展熟稔于心。

正是看到了这一潜在商机,蔡国华带领太仓磁力泵联手科研院所,消化吸收国内外先进技术,夜以继日地进行技术攻关,创造了多项行业第一。

锲而不舍磨出绝世"好剑"

"研发具有国际先进水平的产品并不轻松,必须弘扬工匠精神,锲而不舍地钻研。"蔡国华不无感慨地说。化工企业输送各种强腐蚀化学介质时,会选用非金属磁力离心泵。研发塑料磁力离心泵,他们花了5年多时间,设计方案、工艺技术路线不知改动了多少次。

好不容易研发出了样机,拿到高温氯离子的场合使用,却产生了匪夷所思的"孔蚀"现象。高温氯离子一遇到磁力驱动泵的金属材料,马上就像群蚁筑巢,不到24小时,金属材料被腐蚀掉1毫米厚度。蔡国华仿佛又回到了当时的检测现场,他们重新选择材料,最终采用钢塑复合材料代替传统的金属材料。

新产品研发成功后,中国流体机械行业权威、江苏大学教授孔繁余等专家受江苏省科技厅委托来到太仓磁力泵,给出了鉴定结论:这一产品具有良好的耐腐蚀性、耐高温可达180℃、无泄漏、噪音小、效率高等特性,回转成型工艺及钢塑复合结构的技术在国内处于领先水平。

沿着既定方向,通过锲而不舍的努力,太仓磁力泵不仅研发生产出了塑料磁力离心泵,而且开发出了金属磁力离心泵和悬架式钢塑复合塑料磁力离心泵等新产品,耐高温、耐腐蚀等性能甚至超过了国外同行,并且价格比进口产品降低了60%以上。凭借这些新产品,企业获得了4项发明专利和12项实用新型专利的授权,获得了4项作品登记证书,参与起草修订的《磁力驱动泵离心式化工流程泵HG/T2730-2012标准》于2013年3月1日起执行。

隔离套技术填补了国际空白

走进蔡国华的办公室,他给笔者展示了2个新产品。在外行的笔者看来,这两个产品平淡无奇,就像两个茶缸,缸底是弧形的,只能倒扣在茶几上。而在蔡国华的眼中,那可是"国宝"。

"这两个产品叫隔离套,一个是金属隔离套,一个是碳纤维布复聚醚醚酮隔离套,里面蕴藏的技术填补了国际空白,连德国人也没有生产出来。"看着笔者一脸的疑惑,蔡国华高兴地介绍说。生产金属隔离套,国内磁力离心泵企业一般采用不锈钢材质,而他采用的是哈氏合金,并采用了国内首创的热加温液压拉升成型技术来生产隔离套制品,从而使得磁力泵的效率有了大幅提高。进而对叶轮流道采用干法、湿法抛光技术进行加工,使得磁力泵的效率再次得到明显提高。该技术已申请了两项发明专利。采用以上两项技术,可以让使用者在1至2年内靠节约的电费收回一台磁力离心泵投资款。

至于碳纤维布复聚醚醚酮隔离套,蔡国华更是把它看作国际级的宝贝。为了提高金属磁力泵的效率,美国AP1685新标准提出:金属磁力泵的隔离套,要采用非金属的隔离套。蔡国华团队攻克了这一世界级难题,已经研发生产出了碳纤维布复聚醚醚酮隔离套,可使金属磁力泵的效率接近非金属磁力泵。

谈起采用聚醚醚酮粉末喷涂金属制品表面方法专利技术产业化的工作研究,蔡国华信心满满地说:"聚醚醚酮钢塑复合反应釜是我们自己研发的,具有耐高温、耐腐蚀以及优良的绝缘和机械性能,属国内首家研制开发,将以低廉的价格、优良的性能抢占化工、石油化工、医药、农药、冶金、食品等行业市场。"他表示,今后太仓磁力泵将应用一家世界知名公司生产的聚醚醚酮喷涂级树脂,应用表面喷涂聚醚醚酮技术,先生产钢塑复合反应釜,再生产储罐、换热器、离心机,以及其他聚醚醚酮钢塑复合产品。

(□李孝忠/文 姚建平/图)

有的制造厂家把工业机器人买回家当成"门卫",把激光工作站搬回家当成了"摆设"。他把机器人、激光工作站集成在一起,让其产生"1+1＞2"的效应——

汤旭东:给激光焊接装上"大脑"

一下飞到美国,一下赶往沈阳宝马铁西工厂……想要采访同高先进制造科技(太仓)有限公司总经理汤旭东并不是一件容易的事情。2017年6月23日上午,他应约从上海赶到太仓接受笔者的采访,然而采访不时被前来洽谈合作事宜的客商打断。

汤旭东带领的团队积累了世界领先的激光工程、大功率焊接、切割、复合焊接的技术及管理经验,先后在国内实施了10多个成功案例,获得了7个授权专利,其中发明专利3项。为此,他获得了2014年太仓科技领军人才等殊荣。

同事们称呼他为"司令"

汤旭东,1977年出生于云南曲靖,1997年7月考入同济大学,2014年获得格勒诺布尔学院博士学位。他对人热情,才智卓越,在同高科技的同事眼中,他是团队的"司令"。

从同济大学获得硕士学位后,汤旭东先后来到杜尔涂装系统有限公司和柯马(上海)工程有限公司工作,负责通用汽车、福特汽车厂商的韩国、泰国、印度、日本、澳大利亚项目的运营保障、管理和先进技术开发工作。这为他后来到太仓创业积累了世界领先的技术及管理经验。

"太仓是一方创新创业的热土,尤其是集聚了200多家德资企业,这是我们带技术、带资金创业太仓的重要原因。"汤旭东说。他组建由机器人、激光技术、控制等领域专家组成的团队,成立同高先进制造科技(太仓)有限公司,设立同济高功率激光焊接技术联合实验室和同高逆向工程应用技术联合实验室,致力于帮助客户开发激光焊接技术新工艺。

解决激光焊接的"痛点"

不少人看过《珊瑚岛上的死光》这部电影。电影演绎的是爱国华裔科学家赵谦教授试制成功高效原子电池,他拒绝了各大财团重金收买原子电池专利权的企求,决定把样品和资料全部带回祖国,从而产生的曲折离奇的故事。今天,这种高效原子电池已经变成现实,成为汤旭东激光焊接新工艺的重要组成部分。

"所谓激光焊接,就是利用类似高效原子电池的装置产生高能量密度的激光束,进行高效精密焊接。"汤旭东打了一个形象的比喻。与电焊、弧焊相比,激光焊接具有安全系数高、焊接质量高、实现车身轻量化等优势,不仅深受国内外轿车制造商的青睐,而且在高铁、航天等领域广泛应用。

有的制造厂家把工业机器人买回家当成"门卫",把激光工作站买回家当成了"摆设",主要原因是不能解决多种设备集成在一起的问题。针对这一现象,汤旭东团队开发出了国内领先的基于大功率激光加工的混合工艺复杂制造系统仿真技术,把随行压轮、滚头、焊钳、抓手、涂胶机等自动化设备有机整合在一起,让机器人、激光工作站产生"1+1>2"的效应。

合作海内外汽车厂家

5台机器人调试到位,装进包装箱,准备发往合作单位。2017年6月23日,笔者来到同高科技采访,看到10多名工程技术人员正在紧张忙碌地作业,汤旭东则在指导合作单位做好设备基础等工作。

"机器人焊接一般是在一个有限空间内多点同时作业,这就会出现机械手臂互相干扰的现象,客户仅靠自身的研发力量难以在短时间内找出最佳路径。"汤旭东边说边做了一个手臂交叉的动作。同高科技采用计算机模拟仿真及虚拟化工厂等技术,帮助客户解决了这一"痛点"。植入同高科技的集成技术后,就像给激光焊接新工艺装上了"大脑",多个机器人就可以在一个狭小空间内自由精准作业,镶档让路,互不干扰,大幅提升工作效率和工作质量。

凭借强大的专业研发力量,同高科技在短短的2年多时间内,在国内实施了10多个成功案例,获得了7个授权专利,其中发明专利3项。美国MBE、瑞典PERMANOVA、德国ThyssenKrupp、德国Laserline、中国北车和上汽集团等多家企业与汤旭东团队建立了紧密合作关系。

做有情怀的创业者

"在太仓港区的支持下,同高科技实现了快速发展,创业一年多就实现开票收入上千万元,预计今年开票收入要突破亿元。"2017年6月13日下午,一场题为"青春同行 创赢中德"的中德青年创业者论坛在宝龙福朋喜来登酒店隆重举行,汤旭东作为唯一的太仓企业代表做了主题演讲,博得了台下阵阵热烈的掌声。

有人说,创业者要有情怀以及高尚的情趣,要以对社会和全人类做出了多少贡献为标准,要做感兴趣、有意义的事情。汤旭东就是一个有情怀的创业者,已经拥有了世界先进的技术和优秀的研发管理团队。与需要欧美技术人员支持的其他团队相比,他已经赢在了起跑线上,在技术和管理上完全实现了本土化。

同高科技有一个愿景,那就是在港口产业链集成、高科技技术研发与集成、工程项目与高新技术产品相结合、技术服务与装备制造相结合等领域不断取得新的突破。围绕这一愿景,汤旭东将带领团队克服创新创业过程中的孤独,学习大雁用固定的队形飞翔,处理好理想与现实的协调问题,弘扬工匠精神,不断攻克前进道路上的"拦路虎"。

汤旭东表示,在服务好外地客户的同时,也将服务好本地客户,帮助太仓企业引进应用激光焊接新工艺,推进港区重大装备产业和全市装备制造产业高端化拓展。

(□李孝忠 文/图)

借来2万多元创业,致力模具设计与相关材料革新;瞄准汽车轻量化方向,推进汽车智能化制造。他带领辉泰汽配开发的新品被上海通用汽车及众多世界500强企业认可——

刘少波:传承汽配产业的工匠精神

一身工装,一口浓郁的河南口音,在辉泰汽配的车间,有时候你都认不出这是公司的总经理。刘少波时常在车间里和工人一起干活,琢磨如何改进工艺。

在员工眼中刘少波根本不像个企业家,更像个技术工人。"说起技术改造,刘总就像打了鸡血一样。"工人们时常这样打趣刘少波。

向技术改造要效益

双凤镇相关负责人告诉笔者,辉泰汽配很大一部分设备都是通过自己技术改造的,而且生产出来的产品比同等的国外知名汽配零配件还要好。

"国外的成套设备很贵,想要节省经费,只能向技术要效益。"刘少波最近在琢磨研发发动机总成闷盖的分拣系统,原来需要4个人分拣,改造成功后只需要1个人,通过技术改造实现"机器换人"。

笔者来到辉泰(太仓)汽配有限公司采访时,看到一种用于各种金属材料管件的内高压成型及中空零件冷态挤压的胀型机,它把铝合金管材一次成型变成汽车前保险杠。刘少波介绍,如果这台机器在德国购买的话需要2000万元,而通过创新,改装费用不超过300万元,技术革新为企业节省了大量费用。

"这是自主研发的三维成型设备,用于生产汽车的水箱支撑架;这是生产发动机总成闷盖的机械,经过三次技术改进,不但质量更有保证,产量也达到了原来的4倍⋯⋯"说起技术改造,刘少波如数家珍。辉泰汽配有很多设备都是在原设备基础上进行技术改良,然后再用到生产中的,且公司拥有自主知识产权。

可以说,刘少波是生产技术型的老总,但不少人却不知道,刘少波只有初中学历。

革新是因为爱折腾

平时,刘少波不是在车间动手改造工艺,就是在办公室看书琢磨技术。如今,辉泰汽配已经是上海大众、上海通用汽车B级供应商。在刘少波看来,"老外能做的,我们也能做,而且能做得更好"。刘少波把现在的成功归结于他爱折腾的性格。

"小时候家里很穷,共有兄弟姐妹4个,所以你不得不努力。"今年44岁的刘少波是河南南阳人,初中毕业就出去谋生了,做过代班司机,养过鸡,种过烟草和西瓜⋯⋯"反正最苦最累的事都干过。"但刘少波一直没忘记学习。20岁的时候他到一家五金厂当学徒,第一次看到五金厂做模具,非常感兴趣,但他师傅不肯教他,他只好偷学。那时候模具设计制作可以说是比较高深的。刘少波白天干活,晚上自学,图书馆借不到,就自己从北京的出版社买书学习。

刘少波至今保留着那时候的一本《冲模设计手册》,这书已经被他翻烂了,书上还密密麻麻地写着注解。"因为我学历低,刚开始的时候看这种书像看天书一样。"刘少波说。

之后刘少波来到上海,打过工,也在一家私营企业里做过模具设计,但不安分的他总希望自己打拼出一片天地。2003年,他拿着借来的2万多元开始了自己的创业路。

成功源于不懈的坚持

成功=99%的努力+1%的机遇,刘少波就是这样。自己开模具公司的时候,一直致力于模具设计与相关材料的革新,而朋友一次偶然的介绍,让他的公司成为大众的供应商。

"当时一位朋友让我试试生产大众的汽车配件。"刘少波回忆,当时大众的一个配件一直生产不好,不少国外的公司也无能为力,刘少波抱着试试看的态度摸索了3个月,生产出了比国外产品质量还好的配件,因此辉泰汽配最终成为上海大众的供应商。

2009年,刘少波发现了汽车轻量化的广阔市场。他决心从设计制作五金模具转向设计制作塑料模具。当时刘少波的一位朋友来劝他:"老刘,塑料模具和五金模具根本就是两个行业,我劝你不要做,现在顺风顺水的不是做得蛮好吗?"

但刘少波深知,如果不转型,虽然现在很安逸,但终究会被市场所淘汰。辉泰汽配经过7年的艰苦努力,把年产值几十亿的大公司不敢深入的汽车车身轻量化3大技术领域——有色金属及型材轻量化、超高强钢热成

型轻量化、碳纤维复合材料轻量化,已全部上齐,并且部分板块已取得巨大成绩。北美通用无法解决的辉泰汽配已提前实现量产,并且得到上海通用汽车、通用中国及众多世界500强企业的高度认可。

刘少波清楚地记得2015年,北美通用的凯迪拉克新款SUV需要生产一种新型的车身保险杠,辉泰汽配光试验产品所产生的废料就达二三十吨。"说实话,那时候心都在滴血,但为了保证品质及获得认可,产品必须成功。"刘少波说。

当然,刘少波在精密设备上也非常舍得投入。从2016年开始,辉泰汽配陆续投入2台精密大型CNC龙门加工中心,加工模具部件最大可达4米×2米×1米,像这种大型精密设备的投入加快了辉泰模具进入汽车公司核心模具供应商的步伐,为辉泰成为先进高速精密大型级进模和超高强

钢热成型模具2大类具有市场综合竞争力的大型模具公司奠定了极为坚实的基础。

向智能制造迈进

何谓"汽车轻量化"？简而言之，就是以后汽车配件的重量会越来越轻，但其牢固程度及材料的强度将越来越高。拿辉泰生产的防撞保险杠来说，以前铁制或钢制的要15斤，现在用特殊铝合金制的才3~4斤。另外，辉泰生产的很多汽车配件用的是碳纤维，不但更轻便，而且更坚固耐用。

"也就是说以后的汽车配件重量将越来越轻，但牢固程度及材料的强度将会越来越高。"刘少波介绍说。得益于汽车产业的快速发展，辉泰汽配发展迅速。但是，刘少波又把目光瞄向了更远方。

从2015年搬到双凤开始，辉泰汽配已在自动化生产领域进行积极探索，冲压生产优先考虑级进模生产，已完全成熟改造多台设备，大大节省了人员费用。

如今,辉泰汽配自主研发的专用生产装备、智能检测设备,已投入使用,并申报发明专利。目前还在抓紧筹划、利用辉泰自身研发制造能力,和金属行业、塑料行业、汽车轻量化行业的综合需求,新组机器人公司,率先在公司内部实现自动化生产到智能制造的逐步转型升级,打造制造业的"工业生态链",同时帮助有需求的制造业同行(不是单一汽车行业),一起实现升级转型。　　　　　　　　　　　(□周琦/文　计海新/图)

夏季来临,食品安全成为人们更为关注的话题。他导入"5常法"管理,在我市快餐业首家通过苏州验收;推行营养师配餐;采用工厂化烹制安全、营养、健康的快餐——

张义忠:一天烹出万盒放心快餐

2017年6月20日,对于通快(中国)有限公司的员工来说,是普通的一天。中午用餐时间到了,太仓新概念餐饮管理有限公司端出了热腾腾的饭菜。荤素搭配富含营养,色香味俱佳又安全,高管与员工们吃得津津有味。正在用餐的郑女士介绍,新概念已经为他们烹制了8年饭菜,每一次食用新概念的快餐,都会有一个轻松愉悦的好心情。

通快是一家德资企业,把德国人细致严谨的特质带到了太仓,对食堂饭菜严格把关,在厨房安装摄像头,全程监控现场操作,每天验收购进的食材,不定期地检查现场,对饭菜口味、食堂服务、卫生安全、员工满意度等20多个指标进行打分。作为一家土生土长的民营快餐企业,新概念如何顺利闯关成为通快的长期合作伙伴?

筑梦太仓快餐市场

"我们嵌入德国元素,弘扬工匠精神,致力于把快餐做得更专业、更营养、更健康。"新概念总经理张义忠租赁了2600平方米的中央厨房,承包企业、学校、机关食堂,提供餐饮管理、快餐服务。

张义忠出生于安徽六安,退伍后来到太仓一家饭店工作,主要从事员工招聘、宿舍管理、消防等方面的工作。"员工不可能天天到饭店就餐,中午需要吃快餐,需要吃安全健康的快餐。"磨炼一段时间后,他看到了快餐市场的巨大潜力,于是创办了新概念。

从新概念创办之日起,张义忠就导入了标准化和健康效率理念,专门让妻子学习营养配餐知识,考取中级公共营养师职称,实施以常组织、常整顿、常清洁、常规范、常自律为主要内容的"5常法"管理,并在我市快餐业同行中首家通过苏州验收。那时候,通快的管理者一直为员工中午就餐而头疼,送餐单位换了好几家,员工还是不满意,在有心人举荐下找到了新概念。凭借卫生到位、食品安全、口味较好和服务规范,新概念拿下了通快快餐1个月的订单,进而拿下了3个月、1年的订单,后来更是延长到了8年,而且还在延续。

工厂化烹制安全餐

除了通快,新概念的服务单位还有特灵空调、宝适汽车部件、和承汽配、固瑞特磨具、美名格—艾罗、环球化纤、巨浪凯龙、新太铜、伟思富奇等单位。新概念还是2017年国际田联竞走挑战赛暨全国竞走大奖赛(太仓站)指定送餐单位。现在,新概念每天的送餐数量超过一万份。

走进新概念的中央厨房,宛如走进了一家现代化的工厂,分拣、清洗、切割、冷冻、烹饪、备菜等操作呈闭环分布,人货进出各走其道,既避免了交叉感染,又实现了路径最优。进入中央厨房的食材,分别从专用通道进入蔬菜区和荤菜区。在蔬菜区,醒目的图案提醒员工用白色的大圆框盛放蔬菜,用不锈钢底色的刀具和原色的砧板及砧板架进行加工,成品和半成品放进蔬菜冷库保鲜。荤菜区分为家禽、猪肉、水产和海鲜操作间,同样有醒目图案提醒员工用蓝色框子盛放家禽,用蓝色刀把的刀具、蓝色砧板及蓝色砧板架操作;用白色框子盛放猪肉,用白色刀把的刀具和白色砧板及白色砧板架操作;用紫色框子盛放水产,用紫色刀把的刀具和紫色砧板及紫色砧板架操作;用红色框子盛放海鲜,用红色刀把的刀具和红色砧板及红色砧板架操作,荤菜食材、切割好的半成品和烹制半成品分别放进专门的冷库冷冻。烹饪间与备菜间相互隔离,熟菜通过传送带送到备菜间,组合后用保温箱、空调金杯车运送到相应客户手中。

新概念不仅严把食材加工关,而且严把食材采购关。荤菜食材一般由大型供应商或央企供应,如猪肉由中粮集团供应,并提供记录生猪养殖过程的耳标,琵琶腿由丹东的一家农业产业化重点龙头企业供应。新概念建有自己的蔬菜种植基地,在供货协议中注明供货品种、规格和时间。就连调

味品这样的细节,新概念也不放过,情愿多花钱选择优质的,如海鲜酱选择李锦记品牌,比普通的价格高出15%以上。

对待客人如同家人

"有企业员工反映粉丝烧烂了,这主要是粉丝泡的时间过长。我们算准员工就餐时间烹制粉丝,这一问题就可以解决。"笔者走进张义忠的办公室,他正在召集公司主管商讨粉丝为什么烧烂了的问题。尽管"粉丝烧烂了"是一件很小的事情,但每一位主管都是神情严肃,认真分析原因,举一反三地进行反思,找出解决办法,最后建议推出凉皮、米线、粉条等类似菜肴,增加员工的选择空间。

"客人就是我们的家人,我们必须把'粉丝烧烂了'这样的小事情一件一件解决好,才能赢得客人的认可,做出新概念的品牌。"张义忠表示,他们在就餐场所设置了征求意见箱,广泛收集客人的意见和建议,及时解决客人反映的问题,满足客人的合理需求。有的员工想吃水饺、面条、麻辣烫、炒饭,新概念的厨师第二天适时烹出,而且选择新型餐具盛放,增强快餐的视觉效果。

客人用筷子给快餐店投票,不仅要吃得安全卫生,还要吃得好、吃得健康。张义忠带领新概念采用普通菜与特色菜相结合的模式进行配菜,组织专业的营养师根据不同的人群进行营养搭配。有的企业操作中有粉尘,营养师则给员工定期吃猪血清肺;有的企业重体力活较多,营养师则给员工配置高热量食物;有的单位办公室人员居多,营养师则配置清爽的菜肴;有的企业河南人居多,则配置一些面食;有的企业湖南人居多,则多一点辣味。

张义忠表示,今后他们将进一步强化快餐标准化建设,力求把快餐做得更加专业、更加安全有营养;时时想客人所想,让客人吃得更放心、安心、舒心,打响新概念的快餐品牌。

(□李孝忠 文/图)

辞去外资企业高管职务，研发出国内首台剥皮机、国际首台穿孔机。7年多时间内，他获得了40多项专利、3个发明专利和1个PPC专利——

刘彦付：筑梦顶级精密机械

没有气派的大门，没有高大的车间，然而会议室的墙壁上挂满了各种荣誉证书，包括40多项专利、3个发明专利和1个PPC专利。这就是位于沙溪镇松南村的太仓贝斯特机械设备有限公司给笔者的"第一印象"。

"美国通用合金公司、罗马尼亚和中国的2家客户都在催货，我们必须抓紧时间组装。"2017年1月9日上午，笔者走进贝斯特的车间，看到总经理刘彦付带领工程技术人员正在紧张地忙碌，码放整齐的零部件不时被精准安装到相应位置，3台剥皮机主体框架已经形成。

闲聊之中觅得商机

刘彦付,中等身材,干事有一股闯劲和韧劲。1999年11月,35岁的他从中国核工业711矿调到太仓针织厂工作,从此定居太仓。随着针织厂转制,他转到了一家外资企业担任财务总监,丰厚的年薪曾让同事们羡慕不已。

2009年夏天,刘彦付辞职了。这让昔日的同事们颇为费解,他要做什么?就在那个夏天,他与一名技术人员一起去无锡看望辽宁忠旺集团苏南运营总监朱一喆。也就在这次闲聊中,他找到了自己的创业方向。当时朱一喆说准备采购60台小车床切剥铝棒表层氧化铝,与刘彦付同去的技术人员建议其购买剥皮机。尽管一台剥皮机的效率可以抵得上60台小车床,可是剥皮机制造厂家远在欧洲,采购国外装备手续繁琐,而且国外厂家还不一定愿意供货给中国用户。

能不能在国内制造呢?头脑活络的刘彦付顿时眼前一亮,当即表示由他牵头组织研发。于是他拿出自家积蓄,组织工程技术人员日夜攻关。这个边干边学的研发团队由5名男性组成,刘彦付戏称自己的团队是"五汉"大学。

开发世界顶级水平的装备谈何容易,但刘彦付坚信中国人不比外国人差!合作企业的加工精度难以跟上,他组织团队与合作单位一起改进生产设备。邀请朱一喆一行前来测试样机,由于负责操作的余工一激动在铝棒送到位后忘记了降低送料架,结果是朱一喆摇头而去。既然操作人员会受情绪影响,他就聘请自动化专业工程师,给样机增加自动化程序,赢得了朱一喆的第一单。

2009年11月底,首台剥皮机发往辽宁忠旺,2010年1月安装队如约赶往厂家安装调试。令人难以想象的是,设备按照工艺安装好后,试加工出的产品却总有50丝的误差,问题出在哪儿?原来是温差在"捣蛋"。铝棒加热到500摄氏度剥皮,太仓温度仅影响铝棒降温2摄氏度,而1月份辽宁温度低至零下15摄氏度,影响铝棒降温多达20摄氏度。找到了"病灶",对症下药,剥皮机性能很快达到了设计标准。而在回家路上,刘彦付却因忙碌过度,急性阑尾炎发作,只好在机场吊盐水。

销售款12万元到账后,财务出身的刘彦付进行了核算,利润为零。"创业成本不能这样算。"刘彦付说。首台剥皮机看上去不赚钱,但为他积累了丰厚的技术经验,为后面的创业奠定了坚实基础。

冷板凳一坐3年多

"英国退休工程师鲍尔在这里工作了一个星期,昨天才回国。"在一台大型剥皮机装配台前刘彦付说,"现在客户都要求装备高端化、智能化,我们必须把产品做得更好。"鲍尔就是来帮助他们对剥皮机进行高端化、智能化改造。

创业必须耐得住性子,坐得住冷板凳,因为市场不会在短时间内认同新产品。"这个冷板凳,我一坐就是3年多。"刘彦付平静地说。第二台、第三台剥皮机的销售很不顺利,后面3年也就每年销售2至3台。

第二台剥皮机好不容易装进了江阴一家口红管生产企业的车间,却出现了产品质量不稳定的现象。刘彦付带着工程技术人员来到现场排查,原

来江阴这家企业的车间场地与忠旺车间场地差距较大,导致车料架和刀具不能很好地匹配。于是他又带领工程技术人员进行改进,用第三台设备换回第二台。

好产品一定有前途,关键是自己的新产品质量还没有做到更好。总结第二台、第三台剥皮机的教训,刘彦付组织团队对车料架和刀具进行了深度开发,使得剥皮机对环境和场地的适应性进一步增强。与科研院所、国外专家深入合作,推进剥皮机向高端化、智能化迈进,纵向开发穿孔机、铜棒焊丝剪剥一体机、装卸磨机、组磨机、三轴连动修磨台钳等铝挤压配套辅助产品。4个产品获评省"两新产品",剥皮机入选省重点新产品推广目录,获得了40多项专利、3个发明专利和1个PPC专利。

现在的剥皮机不仅效率高,而且节能环保。车床产生的废铝屑不便于收集,即使收集了因为掺有杂质较多,重新熔炼需要加热3至4次。而剥皮机产生的废铝成片状,可以即时收集打包,重新熔炼仅需加热2次。125剥皮机节省的热能费用半年就可收回购机成本,环保效益可观。

直径25毫米以下的铝棒只能用钻床打孔,同样存在废铝屑难回收、浪费能量等弊端。刘彦付带领团队发明了世界首台穿孔机,10秒钟就可打好

一个孔。

金杯银杯,不如口碑

在采访期间,刘彦付接到了美国通用合金的催货电话。刘彦付说,现在两个安装队来不及安装,一个在辽宁鞍山安装剥皮机,一个在浙江安装设备。

美国通用合金是通过客户介绍过来的。2015年7月,贝斯特发出了第一台剥皮机,使用一年多仅出一次故障,而且是调试时操作失误造成的。看到中国也能制造出高端化、智能化剥皮机,美国通用合金于2016年6月发来了第二台的订单。

"金杯银杯,不如口碑。"刘彦付说。他在企业大力倡导工匠精神,要求每一颗螺丝都必须拧到位。正是看到贝斯特剥皮机质量过硬,富士康特批了一个供应商目录名额。当时刘彦付是租厂房生产,车间内没有行车,组装大件只能租叉车叉货,而且注册资本只有50万元,富士康规定供应商注册资本要200万元以上。可在对贝斯特技术力量和产品性能进行综合考量后,富士康签订了2台剥皮机订单。

"酒香也要善吆喝。"刘彦付说。贝斯特的收入除了用于新品开发完善,就是拿出来宣传推广新产品,每年带着新产品参加中国国际铝工业展,到中国铝业网和中铝网的微信公众号上进行推介。刘彦付介绍,当别人还没有意识到中铝网微信公众号时,他已经在上面宣传自家产品了,而且放在人们比较关注的铝价目录附近。

随着市场的逐渐认同,贝斯特的销售节节攀升:2015年销售280万元;2016年算上发货未安装的产品,销售超过了千万元,而且是先打款后发货。

"做企业与做人一样,一定要踏踏实实。"刘彦付表示,今后他将进一步升级现有产品,提供更加优质的服务,力争今年再开发2个新产品。

(□李孝忠 文/图)

涂上"远名"封闭底漆,实木家具浸泡3个月不变形;双组分水性木器家具树脂漆在行业中脱颖而出——

费元明:抢占水性漆制高点

好端端的实木家具使用半年后,部分家具就会开裂、变形、黄变。而涂上"远名"封闭底漆,这一令人头疼的问题就会迎刃而解,甚至让实木家具在水中浸泡3个月也不会开裂,乃至变形或黄变。

早在10年前,苏州凯康化工科技有限公司董事长费元明就注册了"远名"商标,与科研院所合作研制封闭底漆。最近,省生产力促进协会组织的专家组评审认为,这个产品达到了国内先进水平。同时,"远名"的彩色弹性乳胶涂料被评为苏州市高新技术产品,荣获太仓市科技成果进步二等奖,与水泥配伍型丙烯酸酯弹性防水乳胶、热反射隔热防水涂料一起成为省建设厅推广应用的新产品。双组分水性木器家具树脂漆被评为省高新技术产品,荣获太仓市科技成果进步一等奖,苏州市科技成果进步二等奖。企业获得16个专利,其中水溶性室温交联双组份丙烯酸树脂漆的制备方法获得国家发明专利,申报受理了9个发明专利。

因时而动下海创业

"无论是一个企业,还是一个人,都一定是时势造英雄,千万不要英雄造时势。顺流而上,这是手法。形势好了,大家才有机会成为英雄。只有成为英雄后,才有可能去适应时势、改造时势。"费元明对第九城市董事长朱骏的这段话特别欣赏,他说自己的创业也是因时而动。

今年66岁的费元明身材魁梧,言语豪爽,仍然保留着当年的军人风姿。他种过田当过兵,毕业于南京工业大学有机合成化工专业。在国有企业、乡镇企业打拼期间,他发现自己的专业特长不能得到充分发挥,于是在1993年3月创办了太仓陆公特种涂料厂,也就是苏州凯康化工科技有限公司的前身。

时隔不久,费元明开发的油漆、树脂等产品便得到了市场认可,业绩逐渐攀升。就在这时,朋友告诉他,今后油漆市场是水性漆的天下,要早做准备。

当时市场上常见的是溶剂油漆,溶剂油漆含苯、二甲苯等有毒有害化合物。苯已经被世界卫生组织确认为强烈致癌物质,轻度中毒会产生嗜睡、头痛、头晕、恶心、呕吐、胸部紧束感等症状;重度中毒可出现视物模糊、震颤、呼吸浅、心律不齐、抽搐和昏迷。听从朋友的建议,费元明提前10年转型,腾出主要精力研发水性漆,注册"远名"商标。

披荆斩棘开发新品

10多个反应釜有序运转,一项技改项目稳健实施。2017年2月23日下午,记者来到太仓港开发区石化二区采访,感觉迁建后的"远名"正在加快发展步伐。

"我们的封闭底漆和双组分水性木器漆通过了省生产力促进协会组织的专家组评审,应当紧跟国家产业政策步伐加快扩张。"费元明告诉笔者,他们的水性油漆是第四代产品,而好多同行仍在开发第二代、第三代产品,有的甚至刚刚起步研发水性漆。

开发水性漆第四代产品第一道坎是资金难题。"2002年,我们开发出了水泥配伍型丙烯酸酯弹性防水乳胶,主要用于屋面、地下工程防水,通过了江苏省科技成果鉴定,被评为江苏省高新技术产品,荣获太仓市科技成果进步一等奖,苏州科技成果进步三等奖,并得到省建设厅推广应用。"费

元明话题一转,说,"长时间投入造成企业资金困难,当时2万元的新产品鉴定费,还是向朋友借的。"

技术是水性漆第四代产品的最大难题,国内外没有现成技术资料可借鉴。费元明与上海、南京等地高校合作开发水性漆,以位于九曲的太仓市金强家具有限公司为基地进行试验。双组分水性木器家具漆在试用时,第一次出现水性溶剂味道偏大问题;第二次出现硬度起得慢问题,需要20天,而厂家希望3天起货……通过几百次改进配方,优选除湿干燥等工艺,一个个技术难题被成功攻克,产品性能不断优化。2016年12月24日,该产品终于通过江苏省科技厅、生产力促进协会组织的专家组评审,产品质量达到国内先进水平。

敢与大牌逐鹿九曲

4个作业区交错隔开,1个作业区选用"远名"双组分水性木器家具漆,另外3个作业区分别选用"君子兰""华润""展晨"等3家大牌企业的水性漆。2017年2月23日下午,笔者来到九曲采访,看到九牧厨卫股份有限公司在金强家具摆开的一场擂台赛正在如火如荼地进行。

九牧厨卫以卫生陶瓷、智能厨卫、整体卫浴、厨卫家具、五金龙头、厨卫五金为主体业务,总部位于福建南安,先后被认定为中国驰名商标、中国环境标志产品,多次入选政府绿色采购清单,2016年产值超过140亿元,2017年计划扩大产能,更大力度地采用环保水性漆。在广泛调研的基础上,该公司运来36套家具,组织4家水性漆入选企业一起到金强家具同台竞技。

来到金强家具的调漆间,笔者看到"远名"的技术人员沈东健正在把两组水性漆熟练地调和到一起。与溶剂漆不同的是,这里闻不到令人作呕的刺鼻味道,沾到沈东健手上的水性漆无需用汽油多次清洗,仅仅用清水清洗即可。

在比赛现场,九牧厨卫的工程技术人员手持文件夹,认真记录每一托盘家具的喷涂时间、水性漆用量等工艺技术指标。一位身材高挑的工程师说,1家水性漆厂因没有双组分水性木器家具漆而弃权,实际参加比赛的是3家企业,从2天的比赛结果来看,"远名"的工艺技术指标无疑占有一定的优势。

"去年2月起,九牧厨卫就开始考察我们的水性漆,经过一年严格测试,结论是水性封闭底漆是国内首创,无可替代,今后所有橱柜的封闭底漆,由'远名'独家供货,年需求量约3000万元。这次通知我们与其他3家企业打一场双组分水性木器家具漆的擂台赛。"费元明说。这次面漆的比赛,经过几天角逐,经九牧厨卫公司的几位领导的考核,"远名"水性漆产品质量及施工性能均优于其他大品牌而得到认可,荣获第一名。就这一产品,一年将会获得5000万元以上的订单。

向超亿级企业进军

水性漆的环保优势非常明显,国家和地方相继出台了对家具行业限制溶剂漆的政策法规,推广使用水性漆。"在环保趋势倒逼下,水性漆生产企业迎来了春天。"费元明面露喜色,企业水性漆的发展和所占市场份额逐年增长是不争的事实。

在物理性能上,前三代水性漆程度不等地存在硬度低、附着力差、遇水易泛白、价格昂贵等缺陷,而"远名"双组分水性木器漆具有高硬高强等特色。费元明相信自家的水性漆一定会得到越来越多的客户认同。事实表明,除了九牧厨卫看好"远名",月星家居、台州古地亚家具等企业也竞相前来考察。台州玉环镇拥有230多家家具厂,一年油漆用量超过8000多万元。如果这些企业推进溶剂漆改水性漆,"远名"的市场前景将相当可观。与同行不同的是,"远名"水性漆的原料树脂,是自己研发的,产品质量性能具有独到之处,而同行大多是进口的。费元明表示,今后他将沿着水性漆产业链向上游延伸,打造一条水性漆产业链。最近,昆山南宝树脂抛来了橄榄枝,专门上门商谈投资1亿元规模化生产"远名"树脂。届时,"远名"产业链的规模会相当可观。

费元明表示,今后企业将与国内外大学科研机构保持更加密切的合作关系,进一步加强合成树脂、建筑乳胶、涂料、水性木器家具漆等新产品研发,协同相关客户一起做强水性漆产业链。(□李孝忠 文/图)

他自幼家境贫寒,17岁开始在建筑工地做小工,10年前来到太仓接手一家濒临倒闭的汽修厂。如今,他把这家汽修厂办成了全国知名的"星级汽修企业"——

张杰:从建筑小工变身百强汽修厂老板

(右为张杰)

他是一个出身贫苦人家的孩子,在他7岁的时候,父亲就因病去世,母亲又改嫁了。他做过建筑工地的小工、汽修厂的学徒。2008年,他怀揣着10万元来到太仓,接手了一家濒临倒闭的汽修厂。经过他这些年的辛苦经营,公司的效益越来越好,年产值近千万元。生意做好了,他不忘回报社会,积极资助社会上的一些贫困家庭。他就是太仓市苏客汽车维修有限公司总经理张杰。

他让一家濒临倒闭的汽修企业起死回生

笔者走进位于204国道和北京路路口的太仓市苏客汽车维修有限公司时,总经理张杰正和几名管理人员站在车间门口开会。会议时间很短,也就5分钟左右。张杰告诉笔者,每天早上他都要把当天的工作分配一下,这样大家干活的时候就会有目标。

每天早上从9时许开始,张杰的公司就要开始忙碌起来,一辆辆大型集卡会陆续开进公司的停车场。"这些车基本上都是中国一汽的,因为我们公司是中国一汽在太仓唯一授权的特约维修站。"张杰说:"我们平均每月修理中国一汽的卡车在千辆左右,每天都有30辆左右。"

苏客汽修创办于2008年,当年张杰身上揣着10万元现金来太仓准备创业。苏客汽修的前身也是一家汽修企业,由于经营不善亏损严重。张杰决定接手这家濒临倒闭的汽修企业时,身边很多人都劝他要慎重,但他还是坚持了自己的决定。令张杰没有想到的是,刚接下这家企业,他就遇到了最大的一次困难。

2008年,全国刚好遭遇了金融危机,很多企业效益不好最终倒闭。那时,苏客汽修每天进来修理的车辆很少,公司经营显得十分艰难。但是,张杰相信困难总会过去的,他硬是咬牙坚持了下来。第二年开始,国内总体经济形势好转,加上良好的服务和过硬的技术,公司的效益越来越好,每年的产值都有大幅度增长。这几年,苏客汽修的产值每年均达到近千万元,在全市的汽修企业当中名列前茅。目前,苏客汽修在太仓已成为一家上规模、有影响的一类汽车维修企业。2016年底,苏客汽修投入20多万元新上了机动车尾气分析仪等设备,这是全市唯一可以同时对柴油车和汽油车进行排气超标治理维护的汽修企业。

这些年,苏客汽修不仅先后多次被中国一汽解放评为A级服务站,也多次被中国一汽解放评为星级服务站。在全国600多家的服务站中,苏客汽修凭借过硬的服务排名在前100强,是全国业内具有相当知名度的"星级汽修企业"。

贫困的经历磨练了他百折不挠的品质

其实,张杰自幼家境贫寒,是一个地地道道的寒门子弟。他的老家在南通的启东,1973年出生的他,在7岁的时候父亲就因病去世,母亲又改嫁了。张杰童年的幸福生活从此结束,他跟随着年迈的爷爷、奶奶一起生活。

初中毕业后,学习成绩优异的张杰看着家里破旧的房子和年纪越来越大的爷爷奶奶,他知道家里已经无力再供他读书了。他私自做出了一个很大的决定,他要出去打工挣钱。虽然他的想法遭到了爷爷奶奶的反对,但他还是耐心地做通了两位老人的工作。打工的第一站,他就来到了上海,在一家建筑工地做起了小工。虽然当时只有17岁,但张杰干活的时候一点也不偷懒,脏活累活都抢着干。那个时候,建筑工地的工资都是一年发一次,平时每个月都只发一点生活费。张杰是小工,他每个月的生活费只有100元左右。这么一点点钱对于很多人来说生活一个月是不可想象的,但张杰处处精打细算,从来不乱花一分钱。这样,一个月下来,他的这些钱不仅够用,有时候还能有一点节余。工地上伙食差,偶尔才会吃顿肉。他说,那时候看到工地附近人家吃红烧肉会忍不住地吞口水。

在建筑工地上干了3年之后,张杰一共攒了2万元钱,他带着这些钱回到了家里。家里的房子是村里最破旧的,张杰一心想建一幢新房子。现在手里终于挣了点钱,他回到家的第一件事就是盖房子。人家都是父母出面张罗盖房子,而他全是自己一个人干。出去买材料时,老板见他还是一个孩子都有点不敢相信他。经过几个月的忙碌,他终于给爷爷奶奶盖了两间新的平房。村里人见张杰如此懂事和孝顺,不管谁见到他的爷爷奶奶都会夸上他几句。

房子盖好后,张杰觉得自己不能再回到那个建筑工地干活了,辛苦不说,关键是学不到技术。想来想去,最后决定去学习汽车修理,于是他又来到了上海,在一家汽车修理厂做起了学徒。初中毕业的他硬是靠着一股不服输的钻劲和不怕苦的韧劲,两年时间里把大车小车的修理技术全部学到了手。1996年,张杰来到张家港泰安汽修厂,从技工开始,一直干到了车间主任、服务经理。从不满足的他,又有了新的打算,他决定创业,创办自己的企业。在一个朋友的推荐下,他来到太仓,创办了如今的这家企业。

把企业做大做强的同时不忘回报社会

这些年来,张杰在公司的经营上始终坚持一个原则,就是一定要做到"换位思考、感动服务"。无论是对老客户,还是新客户,他都一视同仁,用自己的一片真心换回大家的信任。

张杰虽然是企业的负责人,但他看上去更像是一个修理工,经常穿着工作服在车间忙碌。修理工忙不过来时,他都会上前搭一把手。熟悉张杰的

人都知道，他的手机是24小时不关机的，随便什么时候打都能打通。其实，严格来说，张杰的手机就是一部修理热线。因为刚开始成为中国一汽的特约维修站时，登记的号码就是他的手机号，因此很多驾驶员在路上遇到一些情况时都会在第一时间打电话给他。

前两天夜里12点多，张杰突然接到一个电话，对方很急切地告诉他，自己的大卡车在沿江高速太仓段突然熄火了，怎么发动也发动不起来。挂了电话后，张杰立即起床，叫了两名修理工带着工具就往出事地点赶去。到了那里，张杰发现这是一辆装满蔬菜的卡车，车辆的发动机出了一点问题。驾驶员看上去十分焦急，因为他必须在天亮之前把蔬菜运到上海的一个批发市场。高速路上是不允许修车的，于是张杰联系高速公路有关部门找来了拖车，把车拖到了沙溪出口处进行修理。在清晨5时左右，张杰等人终于把对方的车修好了。驾驶员见车修好了，紧紧地握住张杰的手一个劲地表示感谢。张杰说，其实这样的情况经常发生，无论什么时候接到这样的电话,他都会在第一时间赶过去。也正是这样的一种服务态度,为他赢得了良好的口碑。很多驾驶员提到他时,都会竖起大拇指夸赞他。

生意越做越好,但张杰并没有忘记自己是穷苦孩子出身,他经常对公司里有困难的员工和社会上的困难家庭提供帮助。前几年,本报曾经报道过失去母爱、父爱的周玲与年迈的奶奶相依为命的故事,看到这个报道后,张杰带上食物和衣服,来到了周玲家进行看望。临走时,张杰将500元钱递到了周玲的奶奶黄爱兰手中,并表示每年都会对她们进行一定的资助。如今,张杰一直在践行着自己的承诺。除了周玲之外,张杰还帮助过曾经被评为太仓市"十佳道德标兵"和"中国好人"的朱建国,不仅给他资金上的帮助,还把他招到自己的公司上班。

"扶贫帮困不是简单地给他钱,而是要让他掌握一门技术。我让他过来当学徒,就是希望他能学到技术,这样才能彻底改变自己家庭贫困的面貌。"张杰说,"帮助别人也是帮助自己,今后在不断把企业做大的同时,我会更多地回馈社会,做一些力所能及的好事。"

(□薛海荣/文 计海新/图)

机器人加速进入生产车间,推动自动化浪潮强力来袭。如何让机器人更好地服务制造业——

张鲁春:为"智造"增添"智能"元素

如今,自动化、智能化生产已经成为趋势,并逐步演变为制造生产的优势竞争力。然而,让机器人"爬"上不尽相同的生产线,挥洒自如地开展一系列复杂操作,其背后却要付出一番努力。因为机器人是"标准的",而用户的个性化需求则是"非标准的"。

张鲁春创办的苏州艾欧科机器人科技有限公司,位于太仓软件园,其业务核心就是提供自动化生产解决方案。对于他们的客户来说,通过艾欧科公司的帮助,"别人家的机器人"最终成为"自己家的孩子"。

不平凡的"出身"

自从就读北方一所重点高校的机械设计制造及其自动化专业以后,张鲁春就意识到自己和自动化难以分开了。

2000年,在迎接新世纪的喜悦中,张鲁春踏上了大学征程。也差不多是从那时候开始,中国制造业技术频繁更新,装备快速升级换代。从人工操作机器,到局部实现半自动化生产,再到更高程度的自动化,甚至开始融入智能生产元素,张鲁春的学习、工作经历,正好切合了我国自动化发展历程。

"每一次进步,都体现在不断提升的生产速度、精度、稳定性上,现在,很多技术和设备已经被时代淘汰,更新换代彰显了技术的强大能力。"说起自己与自动化的缘分,张鲁春从最早的人工操作机床谈起,如数家珍。

在大陆的非标自动化兴起过程中,台湾知名企业富士康占有一席之地。"大陆的自动化起源,最早是从电子行业开始的,尤其是消费性电子行业。"张鲁春介绍,富士康在大陆投资的工厂,在自动化生产改造中颇为有名,"富士康招聘、培养了一批自动化设计人员,很多人最后跳了槽,或者辞职创业,奠定了大陆非标自动化的最早基础。"

如果说富士康大陆工厂曾是大陆非标自动化的"黄埔军校",那么张鲁春就是从"黄埔军校"毕业的学员。

张鲁春刚进富士康的时候,富士康的自动化技术还是从台湾引进来的,台湾的技术又源自日本。当时,富士康决定在大陆建立本土的研究团队,张鲁春成为第一批研发团队成员。

"我们对着设备拆装、调试、复制,再根据不同产品和要求去重新设计,不断学习非标的设计思路。"对于张鲁春来说,这同样是一段"峥嵘岁月",在富士康的十年里,虽然没日没夜地和机械零部件打交道,但每一次技术攻关的成功,都让他们感到十分高兴。

想做些年老时可以回味的事情

张鲁春先后在富士康的两座大陆工厂工作，均是负责自动化研发团队，为工厂自动化建设立下了汗马功劳。

"我离开的时候，工厂自动化改造已经完成了阶段性任务，90%的需要改造或可以改造的部分已经做完。"张鲁春辞职自己创业之前，完成了工厂打印机接口生产线改造，实现了整条生产线的自动化，生产线用工人数从40多人直线下降至7人。

对于30岁出头的张鲁春来说，刚刚进入人生的"黄金时期"，面对"功成名就"和放松下来的工作状态，他一时觉得无所适从。"是这样默默无闻地继续下去，还是做一些值得自己回味的事情？"张鲁春脑海中一直盘旋着这个问题。

"虽然想了很久，但做出决定完全是凭一时的梦想、一时的冲动。"现在回头想想，张鲁春也觉得当时考虑得并不周全，他拉了一个合作人，找了几个愿意一起创业的兄弟，找到一处厂房，卷起袖口就干起来。但是，他并不后悔。"如果你不去做，想再多也没用，你不可能完全预料到今后会遇到哪

些困难。"张鲁春说。

成立艾欧科公司,张鲁春的底气来自他的团队。虽然这个团队不是一个很大的团队,但大家在技术上能够互补,这样就有了自己比较齐全的工程师团队,拥有了具有一定实力的技术班底。

"自动化行业是新兴行业,甚至在今天看来,它仍然十分'朝阳',但这个行业也比较'乱'。"十年浸润,张鲁春对行业情况了解深入,"在我们之前,很多人投身这一产业,导致泥沙俱下,质量良莠不齐。而粗制滥造、随意压低价格等市场乱象频发。"

虽然张鲁春对艾欧科的发展很有信心,但这样的市场现状,并不利于一个新开的、籍籍无名的小企业。

"要开张,就得有市场,一开始,有一个月我每天失眠。"张鲁春说。那时候的张鲁春满脑子想的都是业务在哪里。他每天都在外面跑,通过各种展会等渠道收集资料,他不断登门拜访,自我推荐,经常碰得一鼻子灰。

然而,就像技术攻关那样,张鲁春越挫越勇,初创时的难关,他最终挺了过来。

小厂"包围"大厂之路

一开始,只要有机会艾欧科公司就会争取订单,但大公司对供应商有要求,比如厂房规模、年营业额等,这些正是艾欧科的劣势所在。

张鲁春分析之后,明确了艾欧科公司的市场定位,以中小企业客户为突破口,提供媲美大公司的技术服务,给予客户良好的性价比。这样,他们逐步解决了生存问题,企业开展运作起来。

艾欧科珍视每一个订单,不因订单小、企业小而应付了事,他们为企业分析情况,给客户推荐方案,并不总是推荐企业一步完成整条线的自动化改造,而是按照"简单的先改、重要的先改"的原则,根据企业生产、经营和财力情况,为其量身打造方案。

当然,艾欧科也期待通过小厂"包围"大厂的路线,实现企业的快速发展。一个偶然的机会,艾欧科第一次和知名企业"握手"。

日本精工株式会社(NSK集团)在张家港设有公司,公司要进行一个老机床改造项目,因为设备都是从日本进口来的,如果改造由日本原厂进行,企业不愿支付过于高昂的人力成本,于是在周边物色服务商。经过推荐,公司找到了艾欧科,并对艾欧科的服务给予了充分肯定。

"这是我们第一次和大公司合作,虽然单子比较小,但我们的技术获得了认可,并对NSK形成了黏性。"张鲁春表示,前不久,艾欧科又在为NSK做汽车轮毂的自动化生产线。

不仅NSK公司,周边地区越来越多的企业将自动化改造业务推向艾欧科,如禧玛诺等,最近,又有一家物流自动化设备公司找到了艾欧科。

行业很大,产品要突出重点

"以前我们没有权利选择客户,现在我们可以了。"目前,艾欧科主要瞄准中端客户。同时,张鲁春又提出,要在改变产品策略上下功夫,建构公司的核心竞争力。

当前,智能化工厂建设成为热点,行业中很多企业借助这一风口快速扩大规模。"我倒是觉得实现'工业4.0'还有很长的路要走,这一行业涉及的方面太多。行业虽然很大,但只有清楚认识自己的优势,才能获得稳步发展。"张鲁春说。

在"产品有聚焦、拓展性更强"理念的指导下,艾欧科决定主攻桁架产品。简单地说,在自动化生产线上,将一个个自动化单元连接起来的连接架就是桁架。桁架不但要实现物料的自动化传送,还需要很好地与机器人对接,对自动化生产线的架构具有重要影响。

"自动化不仅要比快,常常也要比慢。"张鲁春介绍,"比慢"其实就是比稳定性和精确度。人工送料具有"柔性",因为可以通过手来感知送料的位置是否准确;而使用桁架机械手送料,就对送料的位置精度要求很高,否则生产结果会有偏差。在这方面,张鲁春已经拥有了自主专利。

随着业务蒸蒸日上,张鲁春在软件园里共计两层楼的生产办公用房显得捉襟见肘。几台桁架架起之后,装配区域就会饱和。"目前我们正和园区商议增加孵化场地的事情。"张鲁春介绍说,"园区为公司送来了很多关心和温暖,可能今年底、明年初,我们的生产面积会有较大幅度提升。"

(□ 戴周华 文/图)

从冶炼转入精密汽配。近几年来,他的企业销售额保持50%以上的增幅——

杨文奎:善抓机遇转型成功

笔者在联禾厚普(太仓)精密机械有限公司见到杨文奎时,他显得有点疲惫。原来,前一天晚上,他在车间一直"督战"到天亮,连家都没回。当天晚上,公司技工们连夜赶制几个重要样品,加工、检测忙得不可开交,杨文奎则在边上不断鼓劲:"这机遇一定要抓住,这几个产品一年可以新增四五千万元的销售额。"从冶炼转行做精密汽配开始,在很多人眼里,杨文奎运气特别好,而他则认为自己是很好地抓住了一个又一个机遇。

二次创业,抓住拆迁机遇

联禾厚普是城厢镇的一家民营企业,也是近几年来城厢镇发展特别快的本土企业。公司位于市科技产业园北部的重庆路上,包括联禾厚普在内,这条路上的不少厂房,很多都是原来分散于南郊各处的工厂的老板们在老厂拆迁后建设的。

其中有一部分老板,选择了不再开厂,而是将厂房出租,并由此获得稳定的收益。杨文奎也曾考虑过这种轻松且没有风险的方式,但最终他却做出了完全相反的选择,不仅继续开厂,而且加大投资,带领企业转型升级。

杨文奎是土生土长的南郊人。在20世纪80、90年代,南郊有很多金属熔炼小企业,从事铝、铜、锡等金属的熔炼和简单加工。20多年前的1994年,决定创业的杨文奎自然而然也选择了这一行当。一开始生意不错,渐渐的由于竞争越来越激烈,公司面临着"本大利小"的困境,"真的太难做了"。也就在这个时候,随着城乡一体化的发展,杨文奎的工厂拆迁了。是选择出租厂房收取租金,还是在新厂房中重操旧业,或者利用这次建新厂的机遇,来一次转型升级?杨文奎面临选择,同时也面临着一次机遇。

这时,杨文奎以前的师傅建议他从事汽配行业:一是这行业和杨文奎原来的金属加工业有些相关,虽然汽配生产要求提高了很多,工艺也复杂

了很多,但大体的生产工艺、流程和冶炼有很多相似之处,容易上手;二是汽配行业,特别是高端汽配行业的市场前景较好,再加上门槛相对较高,总体上利润会高一些。经过再三考虑,杨文奎接受了师傅的建议,决定转而从事汽配生产。

"借船出海",抓住并购机遇

2010年,当新厂房开始动工建设时,杨文奎也和汽配行业开始了接触,并且认识了上海一家汽配公司的老板。一来二去,两人关系越来越好。后来,这位老板把自己公司一些比较简单的产品给他做,于是他购置了设备,聘请了技师、工人,租用了厂房,正式开始了汽配生产。

到2013年底,新厂房已经建成,杨文奎对汽配行业也逐渐熟悉了,这时,一个全新的机遇摆在了他的面前。

杨文奎介绍说,和他合作的汽配厂老板其实是一位专家型的老板,既是老板,同时也是上海一所大学的教授。教授开发出了5个新产品,如果要进行规模化生产,需要很大的投入,但是教授年纪大了,不想再这么拼了,因此有意把整个厂连同所有的新产品、新技术一起转让。

杨文奎意识到这是一个难得的机遇,如果能买下那个公司,并购置新设备,生产这些新产品,公司将直接转型升级生产较高端的精密汽配,但是投入要比自己当初设想的大很多。

经过反复考虑后,杨文奎最后决定买下那家公司。和上海老板谈了4个月,双方终于达成了并购协议。杨文奎说,下这个决心真的不容易,因为当时自己有一座新厂房,也有比较充裕的资金,即使只出租厂房,日子都会很好过,而买下公司,再增添新设备,生产新产品,不仅钱要用光,还要背负很重的债务,同时也有一定的市场风险,因为"产品再好,也不能保证市场一定能打开"。

杨文奎说:"当时的压力确实很大,几个新产品的精度要求都很高,很多误差只能有头发丝的几分之一,还有的更是达到了几十分之一。"为了达到这样的要求,公司新购了一批压铸机、五轴加工设备、车铣设备,这些设备都比较先进,投资也大;还引进了三坐标检测仪、清洁度检测仪、粗糙度检测仪等系列检测设备,建成检测中心,光引进的4台三坐标检测仪,投资就达400多万元。2014年4月,公司开始安装设备,到6月开始边调试边生产,因为刚生产,前几个月的成品率都不太高,当时最愁的就是这个,几个月后,开始愁设备生产能力跟不上,又马上定购新设备。"当年的10月、11月、12月,每个月都有一批新设备进厂,投资也越来越大,当时真的很担心。"杨文奎回忆道。

转型升级,抓住发展机遇

从2014年杨文奎新厂落成开始,笔者每年都会到公司采访,一个最直观的印象是工厂越来越挤。投产之初,车间有一半场地是空着的;一年后,那一半空着的场地里,已经全部安装了新设备;现在,车间里的过道明显变窄,一些零星的空地也都装上了新设备,为了节省空间,仓库里也安装了高大的货架,所有的半成品、成品全都用叉车叉上了货架。

"你看这地坪,早就想重铺一下,但实在安排不出时间。"杨文奎指着磨损很明显的地坪告诉笔者,因为订单多,工人基本两周才能休上一天,更不用说安排时间修地坪了。

尽管车间里装满了设备,但事实上,因为没有更多的地方安装设备,联禾厚普不得不把部分前道生产工序外包出去。"现在还在谈另一个外包项目,有一个新产品需要的设备特别大,长宽差不多都在18米左右,厂房里绝对放不下,只能外包出去。"杨文奎告诉笔者。

"这个车间的压铸机全部都是去年更换的。"在压铸车间现场,杨文奎告诉笔者,原来老的压铸机才使用两年,但他细算了一笔账,觉得这样做还是划算的。

杨文奎介绍说:"压铸是公司生产的头道工序,新压铸机一台约28万元,15台总投资就是420万元,全部投产后,公司每年需铝合金原料约3000吨,新设备节能特性突出,熔融一吨原料少用天然气的费用在150元到200元,一年就能省下45万元到60万元,新设备还能减少原料损耗约5%,一年就是150吨,成本接近200万元,投资设备的钱不到两年就可以'省'出来了。"

对联禾厚普而言,更换这批压铸机至少还有另外两大好处,一是新设备一体化程度高,没有了老设备中最危险的铝水转运工序,生产更安全;二是新设备占地少,而厂房是现在公司最缺的,腾出的地方可以安装其他设备。

除了压铸机外，让杨文奎很满意的还有另外一批设备，2016年公司引进一批新型的加工设备，这些设备最大的特点是能同时加工两个产品，因此人工、占地都能少一半。

有了先进的设备，订单纷至沓来。现在联禾厚普是大众和博世的一级供应商，产品与一汽、上汽、比亚迪等多家汽车整车和零部件厂配套。杨文奎说，现在手头还没开始生产的新产品就有10多个，特别是有大众和博世的一些新品，预计都能给公司带来销售收入数千万元。

2016年，联禾厚普的销售收入达9700多万元，利税达到1400多万元，前几年，这两个指标每年的增幅都在50%以上。杨文奎说："保守估计，2017年和2018年，这两个指标还是能够保持这样的增幅。"（□张立 文／图）

量身定制电动机保护器,做"电动机保护与控制专家"——

朱鸽:开"医院"不开"药店"

每一家工厂都需要各种各样的机器设备,尽管这些设备的外观、作用有很大的区别,但要正常运转都离不开一种核心的部件——电动机。任何一台电动机都会因为种种原因发生故障,造成损坏,从而影响企业的生产,并造成一定的经济损失,在一些较恶劣的环境中,电动机发生故障的概率就更高了,保护电动机并让它们更有效地工作因此显得尤为重要。在城厢镇的城区工业园,省高新技术企业苏州创泰电子有限公司的定位就是做

"电动机保护与控制专家"。

工程师比操作工多一倍

苏州创泰电子位于城厢镇城区工业园顾港路,公司的规模并不大,只有一幢标准厂房,厂房的一楼是生产车间、仓库,二楼是技术研发部和其他一些部门。

虽然公司在2010年底才成立,第二年初正式生产运营,但笔者却在公司会议室的荣誉墙上发现了几块含金量很高的牌子,一块是2013年省科技厅认定为"省高新技术企业"的牌子,还有一块是公司研发生产的数字式热继电器和物联网温度控制器,都被认定为"高新技术产品"的牌子。而门口的一块牌子也显示,创泰电子还是省级研究生工作站。

与这一系列金字招牌有点不相匹配的是显得有点"冷清"的车间,公司车间的面积并不算太小,和很多电子公司一样,车间里安装着贴片机、操作台以及各种检测设备,但车间里的工人却很少,在作业的工人只有10来个。

公司总经理朱鸽告诉笔者,创泰电子的一线操作工确实很少,只有10多个人,反而是研发工程师和应用工程师较多,其数量差不多是工人的两倍,公司的工程师都有本科以上的学历。为了不断提高公司的研发能力,公司和南京航空航天大学等高校进行了校企合作,一方面定期组织公司的研发人员到大学里培训学习,另一方面定期邀请大学里的专家教授来公司现场指导。

更有效保护好电动机

虽然创泰电子成立的时间并不长,目前的规模也不太大,但却在温控领域和纺织机械、表面处理设备、环保设备的电动机保护和控制方面形成了一定的优势,不管是设备生产企业,还是使用这些设备的用户,对公司的产品和技术都比较认可。

创泰电子的产品到底有什么特点？公司的技术领先性究竟表现在哪里？带着这样的疑问，笔者参观了公司的样品室。

公司技术人员拿起一个电动机保护器，笔者看到，这个电动机保护器并没有什么特殊之处，上面有一个液晶显示屏，还有一些按钮。技术人员打开保护器的外壳，指着一块集成电路板介绍说："公司技术的核心秘密全部在这里。"

原来，传统的电动机保护器都是安装在内部的，属于机械式保护器。这种保护器反应较为迟钝，当电动机发生故障，保护器开始运作，并强制停止电动机运作的时候，往往为时已晚，很多时候电动机已经损坏，在进行修理或更换电动机时，必然会对生产产生影响，或多或少都会给公司造成经济损失。

为了更好地保护好电动机，创泰公司的技术研发人员经过潜心钻研，成功研发出数字式的电动机保护器。这种新产品灵敏度高，不仅发现故障采取相应措施的时间比机械式的保护器要短，而且还具有精确度好、可视化等众多优点。一方面电动机处于什么样的状况，保护器的液晶显示屏会显示得清清楚楚；另一方面，这种保护器全是数字化的，互相之间可以联网。这样一来，所有保护器的数据可以汇集到一个终端。无论这家公司拥有多少设备，只需要一个人就可以掌握所有电动机的运转情况，既节省人力，更能有效避免经济损失。

公司技术人员告诉笔者，太仓有一家企业，由于电动机经常烧坏，不仅严重影响了生产进度，还造成了很大的经济损失，这让公司负责人很是头疼。创泰公司技术人员经过全面诊断之后，为这家公司研发定制了一套专业的数字式电动机保护器。这款新式保护器能针对缺相、过载、三相不平衡等原因做出精确报警，从而有效解决了这家公司电动机经常烧坏的问题。

开"医院"不开"药店"

笔者在公司的技术研发部门看到,虽然有一些工程师在忙碌,但数量并没有朱鸽说的那么多。朱鸽介绍说,这与公司的经营理念和方式有很大的关系,其他工程师都在和销售人员一起出差,进行陌生客户拜访等工作。

朱鸽告诉笔者,做电动机保护器的企业并不少,针对这个行业的特征,他在创业之初就确定了一个理念,那就是开"医院"而不是开"药店"。

朱鸽进一步解释说:"药店卖药,医院也卖药,但药店的店员卖药和医院的医生卖药有很大的不同。药店店员等着顾客上门来买药,很多顾客都知道自己要买什么药,店员建议了,顾客也不一定会听;但医生就不同,告诉你病情,给你治疗,在病人心目中很有权威,医生让买什么药,病人就买什么药,即使比药店贵也会买。两者之间的区别是技术含量,医生并不是简简单单卖药,而是提供诊断、治疗、开药等全程的服务,创泰电子也想在这个行业'开医院、做医生',而不是仅仅'开药店',卖产品。"

基于这一理念,创泰电子在经营中特别注重做"终端",即直接到一些企业设备的用户那里进行陌生客户拜访,而不是到设备生产厂商处去推销产品。朱鸽告诉笔者,公司的销售人员、工程师会分一个个小组,有时就在本市进行陌生客户拜访,更多的时候是到外地进行陌生客户拜访,每组中有与人打交道能力强的销售人员,也有能发现问题、解决问题的工程师,如果企业正好在电动机、设备控制方面遇到问题,他们会很欢迎这样的拜访,

而公司不仅能通过解决问题获得这一笔业务,更主要的是,如果在同类的设备中发现这个问题有一定的普遍性,而公司研发的产品可以提升设备性能,就可以再与设备厂商联系,建议与对方配套。因为这样研发出的产品是为这套设备量身定做的,就像医生针对病情开了药,设备生产厂商往往也很是欢迎,这样得到的订单就增加了许多,现在这种订单已经占到了公司业务的大头。

朱鸽同时表示,公司能在温控领域和纺织机械、表面处理设备、环保设备等几个行业的电动机保护和控制方面形成优势,一方面与公司有较高的研发能力有关系,另一方面也与专注做"终端"有关,做"终端"能让公司更多地了解各种设备上的电动机,发现问题,从而做出更好、更有效的产品。

(□张立 文/图)

一条腿的桌子,腿断了,桌子就倒了;多条腿的桌子,断了一条腿,桌子还能撑着。他的企业就像一张拥有多条腿的桌子,始终稳健前行——

施积仁和他的"桌腿"经营观

虽然他明知道做精一种产品更有竞争力,但其经营的公司却有五六种产品,他把每一种产品比喻成一条"桌腿";他在生产经营中特别注重稳健,却只用一天时间就买下一座厂房;虽然公司一直在稳步发展,他却一直居安思危,强调"没有退路"……他就是施积仁,一位创业20多年,年已七旬,还在努力拼搏的老板。

"桌腿"多,断一两条没事

太仓成铭液压机械有限公司位于城厢镇城区工业园的北区,参观过后,笔者的感觉是,这里更像一个小型的"工业园区",而不是一个厂区。公司的每一个车间都像一个独立的工厂,生产不同的产品,这些产品既不属于同一类产品的不同系列,互相之间也没有上下游的关联关系。这么多的"厂"在一起,整个厂区就像一个"工业园区"。

公司董事长施积仁告诉笔者,现在公司主要有几大车间,一个车间为一家著名日本厂商代加工配件,一个车间生产钟罩、清洗盖等液压机械配件,还有一个车间生产汽车用升降机和立体停车设备,另有一个注塑车间。此外,公司在南郊还有两处老厂房,分别生产塑料模块和低压浇铸件。而且这些车间生产经营的方式也有很大的不同,有的车间只进行来料加工,赚取加工费;有的车间既生产公司需要的配件,也为其他厂家加工配件;有的车间虽然生产的产品是自己的,但只通过外贸的方式销售,并没有自己的品牌,其实是代加工,销售用的品牌都是外商的;也有的产品打自己的品牌进行销售。

"我也知道,如果专心做精一个产品,公司的竞争力可能更强。"施积仁

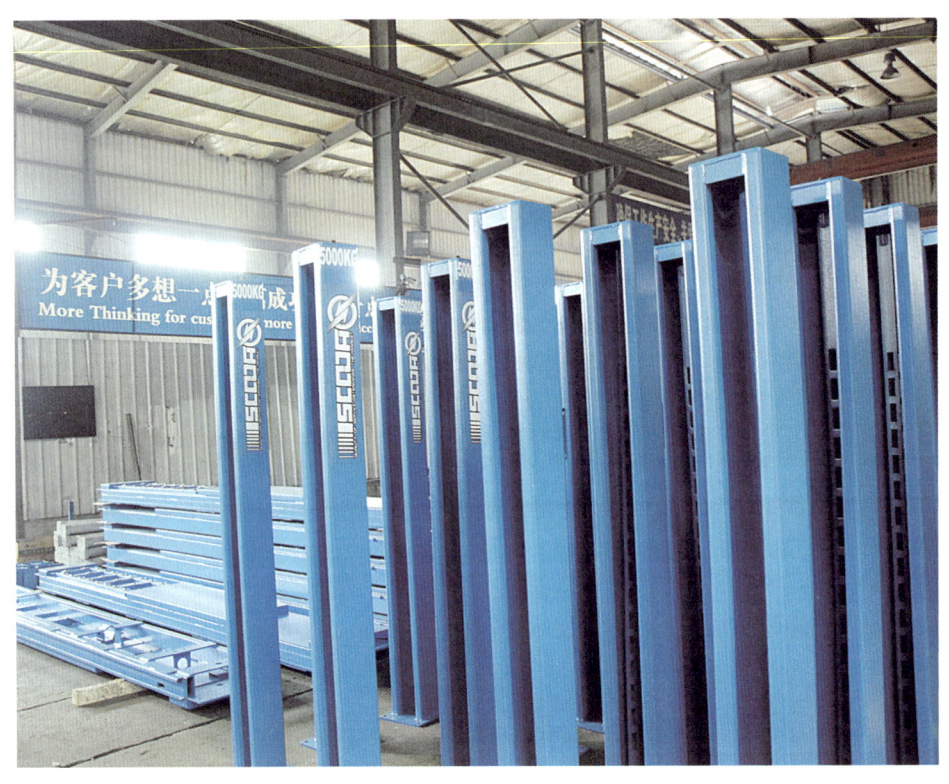

告诉笔者,但也有另一种可能,一旦这个产品前景不乐观,那公司就要受到重创。比如桌子,有的桌子腿多,有的就一条腿。一条腿的桌子,腿断了,桌子就倒了;腿多的桌子,断上一两条,还能撑着。成铭液压有五六种产品,就像腿很多的桌子,断一条虽然也很麻烦,但不会带来大的风险。"公司发展到今天,有200多名员工,背后是200多个家庭,稳定最重要!"施积仁说。

　　施积仁进一步分析说,现在公司的产品虽然看似有些乱,但组合起来的生存、发展能力还挺强的,比如来料加工的产品虽然利润低些,但与对方合作时间长了,很稳定,不用催账,对方每月定期把钱打过来;还有像外贸产品,市场风险相对也不大,而且回款也很快;而自有品牌产品一方面利润高,但同时竞争压力也大。

上午看厂房,中午拍板买

今年已经70岁的施积仁是太仓南郊人,是20世纪90年代初创业者中的一员。当时南郊有不少小厂都从事金属冶炼、翻砂浇铸或者小五金加工,他创业选择的也是翻砂浇铸和小五金加工。

经过10多年的稳步发展后,公司有了一定的规模,公司先仿制后自己研发的钟罩、清洗盖等液压机械配件品质比较过硬,受到市场的欢迎。2008年,施积仁决定引进压铸设备,用压铸代替浇铸来生产产品,一方面提高生产效率,同时,也提高产品的外观和内在品质。公司决定引进的是1800吨的压铸机,但这种压铸机体积大,原来的厂房肯定装不下,于是施积仁开始打听哪里有厂房出租或出售,后来得知一个服装厂正在出售厂房。

施积仁与对方联系后,早上就去看厂房,并一改平时的稳健风格,中午就决定购买,第二天上午签约买下了厂房,甚至没有讨价还价,总额达到880多万元。

施积仁告诉笔者,当时钟罩已经成为公司的拳头产品,引进压铸机,提高生产效率和品质势在必行,而要引进新设备,一定需要厂房,新设备重达百余吨,与租厂房相比,装在自家的厂房更让人放心、省心,碰到了合适的厂房,当然要马上定。

施积仁同时告诉笔者一个小故事,他决定买下这个厂房,与他在创业之初遇到的一场交通事故有一点关系。创业之初条件艰苦,施积仁骑着摩托车到双凤谈业务,在这个厂附近,遭遇交通事故受了伤,一个手指还因此落了残疾。"创业真的很苦,没想到10多年后,能买下这么大的一个厂房。"施积仁不无感慨地说。

施积仁一直把钟罩类产品看成是公司发展的根本,因为以前公司一直做些小五金类产品,生存很艰难,直到开发出钟罩,才获得了快速发展。现在虽然竞争比较激烈,但钟罩产品总体发展不错,并且还有潜力。"这么多年下来,我们的品牌,在行业内得到了认可,有一定的品牌优势。"施积仁告诉笔者。

另一个拳头产品,立体停车设备

虽然公司"桌腿"多,但施积仁最看重的产品仍是钟罩和立体停车设备。立体停车设备和钟罩类似,通过先仿制,后自己研发,成功生产出来,并外销欧美30多个国家和地区。

成铭液压沿马路的办公楼一楼原来是立体停车设备的展示厅,现在已经改建成为一个立体停车设备的配件加工车间,一般企业都很重视产品的展示,成铭液压为什么反其道而行?

施积仁告诉笔者,这样做主要基于两个方面:一方面是无奈之举,立体停车设备是最近几年才出现的新事物,现在这种设备的生产、组装车间占据了原厂区的一半,因此只能将展示厅腾出来,多少缓解一点厂区拥挤的矛盾;另一方面,立体停车设备的客户都是老客户,对公司的产品很熟悉,也放心,就算他们要看新开发的型号,直接到车间看就可以了,师傅们当场组装,更加直观。

2010年,施积仁看到了立体停车设备的商机,而且这种设备生产与液压机械有一定的关系,公司决定开发这种新产品。"其实,当时也走了不少弯路,开发时损失近200万元。"施积仁回忆说,"那时公司规模相对较小,感觉很累,甚至有点想退缩。"

现在,随着产品的成功,成铭液压生产的立体停车设备成了公司两个主打产品之一。目前公司立体停车设备95%以上都出口,主要销往欧洲的30多个国家和地区,有一部分销往北美的美国和加拿大。

创新管理留住员工

在 2016 年成铭液压的年夜晚宴上,公司表彰了所有已在公司工作 15 年和 20 年以上的员工,施积仁给他们颁发了奖牌、奖金。公司还打算通过车间承包责任制、管理人员占股等新举措进一步凝聚员工心,提升大家的收入水平。

"我们这种一步步做起来的公司,管理上还是相对落后,从前几年开始,公司在这上面花了不少力气。"施积仁介绍说。在大家的努力下,公司发展很快,成为省高新技术企业,业务也有了稳步增长,但管理上基本还是以前那一套。前两年,公司开始推行标准化生产管理,结果很成功,车间的面貌有了极大改善,现在打算加快探索车间承包责任制、管理人员占股等新举措。

施积仁坦言,一方面这是对跟着自己打拼了 10 多年甚至 20 多年的员工的回报,另一方面也是留住人才的需要。很多有技术有能力的人才,在一个公司工作时间长了以后,有了技术,了解了市场,很可能会有自己创业的想法,他们创业可能成功,提高收入,也可能会失败,但对公司来说,人才走了,肯定是损失,如果通过车间承包责任制、管理人员占股等方式,给车间一定的生产经营权力,提高大家的收入,相信能更好地留住人才,也有利于公司的发展。

(□张立 文/图)

志在长空牧群星。他从"芯"出发,在航空、汽车领域的温度测量方面打破外企垄断——

雷和朝:用自主芯片让国外感知"中国温度"

借助各种夹具等辅助工具,工人们对米粒大小的配件进行加工,这颗"小米粒"里面已经集入了一些线路,人工要做的,就是焊接导电丝,之后对"小米粒"进行封装,连接数据线等。

用不了太长时间,这一系列精细的操作有望被机器代替。

牧星航空传感器技术(太仓)有限公司的生产车间里隔出了一间自动化生产车间。自动化改造公司已经进入,正在探索研发并实施流水线建造。这个并不大的自动化流水线车间,将率先开启民营企业实施航空、汽车温度传感器自动化生产的历程。

抓住"软肋",从"芯"出发

一辆汽车中,有成千上万个作用不同的传感器,这些传感器就像是眼睛、鼻子、耳朵,传输着各种有关汽车运行的信息。

"这么多的传感器中,国产传感器只是占据了少数要求不高的领域,产品又显得比较廉价。"牧星航空传感器技术(太仓)有限公司总经理雷和朝对当前汽车传感器市场外企独霸市场的现象心有不甘,他说:"高附加值的产品,应该也有中国制造的席位。"

正是因此,雷和朝创办了牧星公司。"牧星"取"志在长空牧群星"之意,雷和朝要在航空、汽车领域的温度测量方面,打破外企的垄断。

牧星当前的产品主要集中在航空、汽车的发动机尾气温度传感器上,这正是高附加值产品,而核心就是芯片。

然而,很多人并不理解雷和朝。有人说,一家新公司要打入传感器供应体系内付出的成本太高,高得有点吓人。通过了技术难关后,新产品要进入市场,巨头们会通过价格等手段进行打压,让新增对手无利可图,到最后,还不如直接购买巨头生产的芯片进行加工组装,于是自己中断了芯片的研发、生产。

牧星从芯片研发开始,走完了全程,体验了更多的不易。雷和朝介绍,国外技术门槛比较高,当前牧星的产品主要集中于汽车、航空器尾气检测方面,外资车企对这一部件提出了39项测试要求,通过之后,要安装在汽车中进行长达4万公里的驾驶实测。而对于国外成熟的供应商而言,车企的信任度会大大增加,产品比较容易被客户接受。

"4万公里,也就意味着要2年之后,客户才会送来大批量订单。于是,没人愿意去钻研。越是这样,国产芯片就越是进不去,致使这一市场永远没有国内企业的份额。"雷和朝说。

1年申请7项专利，"小米粒"里藏着大智慧

汽车产品的可靠度要求十分严格，自然对零部件提出的质量和精度有着高要求，特别是要能够适应不同的恶劣环境。这也是很多新的客户无法进入市场的重要原因之一。

雷和朝介绍，温度传感器安置于发动机尾气排出的出口位置，这一部位温度很高，因此，传感器采用耐高温的陶瓷材料制作。他们在陶瓷片的表面上布上电路，再用特殊材料将线路包裹严密，形成传感器的芯片。

这其中的技术难点之一就是芯片要能够耐高温。一般而言，耐温标准有两类，一个是850摄氏度，另一个是1000摄氏度。当前，牧星已经能够生产850摄氏度高温的芯片，正在着手实施1000摄氏度产品的研制。

"由于芯片是由陶瓷片、电路、包裹材料三方组成，需要确保芯片在三个部件间不会产生开裂，在高温或者恶劣环境下，这一点并不是轻易就能达成的。"雷和朝介绍说。

而整个产品的面积却很小，大约2毫米宽，3.2毫米长，可谓在一个微观的世界开展一项复杂的工程，高精细度带来了另一工艺难点。

芯片安装在探头里，需要进行高温封装，同样，这需要技术。

雷和朝原本就有相关的从业经验，对技术比较精通。在上马牧星项目时，雷和朝请来了行业专家王振华担任总工程师，对科技研究起到了有力的支撑。王振华退休之前就职于重庆材料研究院，是中国高温计量标准的起草者之一。

在王振华总工的带领下，牧星研发人员为航空用温度传感器调制出一种纳米材料，这种材料既耐高温、又抗震动，现在用于汽车温度传感器，可谓"高配低用"，所以牧星对芯片的质量充满信心。

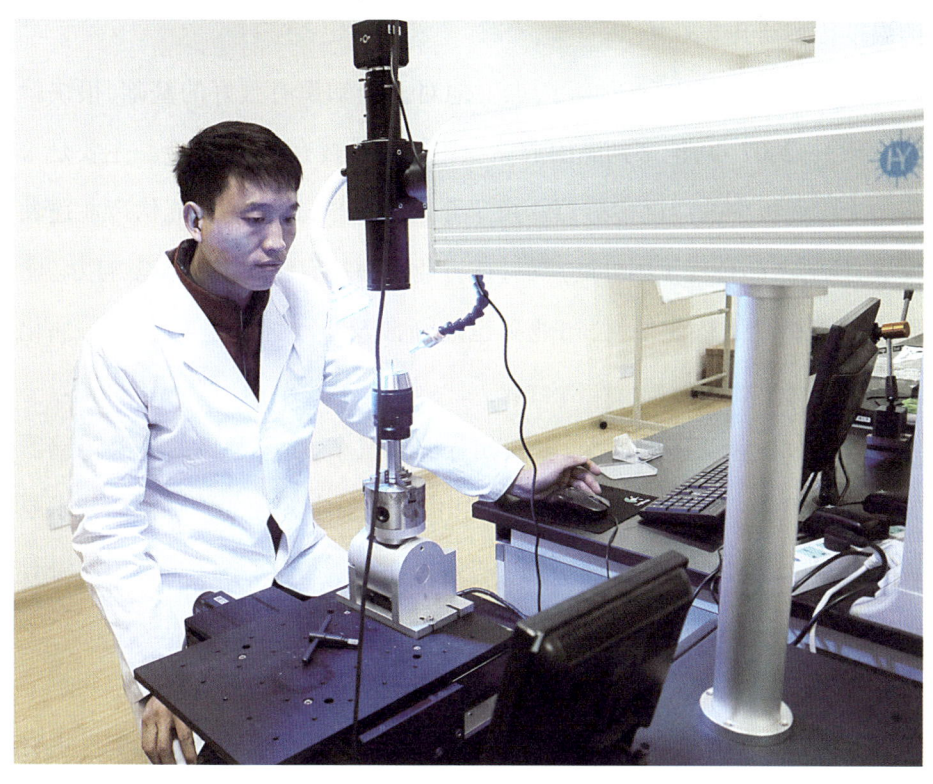

当然,这一产品中还凝聚着更多知识与智慧。2016年一年,牧星就申请了7项专利,包括发明专利与实用新型专利。

既是对未来市场的期望,又是民族企业的坚守情怀

2015年10月底在市科技创业园成立的牧星公司,2016年是发展的第一个满年。但雷和朝进入航空、汽车等行业的温度传感器领域,并非一时心血来潮。

2004年,雷和朝辞去广东一家五金公司的业务主管职位,投身温度传感领域。当时,他对五金件十分熟悉,对冰箱、空调里的温度传感器也有所了解,他发现一些高温传感器均依靠进口时,觉得这一市场十分可期。在他眼中,温度传感器只是五金件加电线的合体,他想如果弄懂了电路知识,生产温度传感器并非难事。

雷和朝在工作中勤于学习,加上他对五金知识有很好的基础,很快就"入行"了。2007年,他来到昆山成立中铂温控科技有限公司,产品主要是太阳能光伏面板中的温度传感器。由于介入比较早,适逢国内光伏产业蓬勃发展,他的产品替代了国外的产品,在行业里面拥有一定的品牌影响力。而除了太阳能光伏行业外,公司业务也逐渐涉及半导体、航空航天、石油化工、电力、电子和新能源汽车等行业。

随着对行业认识的加深,雷和朝意识到汽车、航空领域的高温传感器一直受制于人,光伏面板温度传感器和汽车、航空领域的传感器的技术原理相通,只是场合不同,特性不同。"如果能实现替代,不仅对公司发展有利,而且也是为民族产业发展做出一份贡献。"雷和朝心里暗想。

为了做好芯片,牧星公司不惜花费重金建立了自动化生产制程和热工实验室与环测实验室。这两大实验室,可以对高温温度测量的准确性进行校准,可以模拟出各种恶劣的环境,也可以模拟4万公里使用测试。

"我们要通过精密生产、检测设备和严格的质量管理体系保证产品的品质及一致性。"雷和朝说。

前期做这样的投入代价很大,对于小型公司而言很难实现。可以说,牧星的发展得益于中铂公司的不断输血。

雷和朝说:"之所以坚持这么做,更多的是民族企业努力创新突破的一种坚守情怀。"

三大业务初入市场,"牧星造"展翅起飞

付出终究会有回报。牧星公司应用在航空领域的产品已经实现了少量发货,汽车领域的产品开始了小批量生产。

与此同时,他们新开辟的健康领域产品也有客户送来了订单。航空、汽

车、健康三大业务发展方向已经清晰。

牧星公司的健康业务主要是为新型高效体温计提供感温头和传感器。这种使用了特色材料的感温头,能在10秒内完成体温测试,精度达0.1度。同时,因为使用了传感器,与手机APP连接后,可以在手机上查看体温情况,APP还可以对体温异常情况发出警示信号。

从投入产出来看,目前牧星公司还没有实现赢利。不过雷和朝并没有焦躁,他对公司前景充满信心。

2017年,国五标准正式开始实施,对汽车燃油性提出了更高要求,柴油发动机汽车必须安装尾气温度传感器,这为牧星的产品提供了良好的市场机遇。

雷和朝介绍,通过传感器检测尾气温度,可以了解发动机燃烧是否充分,这在环保要求日益严苛的当下无疑是符合趋势的。

牧星公司拥有一个团结向上的团体,这也让牧星得以迅速发展。同时雷和朝愿意为其他相关人才提供支持,整合资源,帮助他们将技术完善、成型。

(□戴周华 文/图)

给他一根网线,他就试图改变世界。在电竞行业,他要做大浪淘沙后剩下的金子——

陈楚柱:由问题少年蜕变电竞老板

日前,知名手游直播平台狮吼直播与苏州楚竹文化传媒有限公司旗下的情久电竞达成战略合作,双方将斥资千万进行手游内容合作。苏州楚竹文化传媒有限公司 CEO 陈楚柱介绍说:"最近公司各业务条线都取得了可喜进展。"情久俱乐部以领先排名打入 CFPLM 季后赛,公司月流水突破 500 万元……入驻太仓大学科技园仅仅一年多,楚竹文化已签约 1200 名线上主播、10 名线下主播,组建 5 大电竞战队,发展成为集电子竞技、明星主播演艺经纪、大型文化活动策划等业务于一身的文化产业平台。

很难想象,带领团队做出如此出色业绩,陈楚柱还只是一个 26 岁的 90 后大男孩。少年不识愁滋味,如今叱咤互联网新经济的"大牛",曾经也是一名被指责为游戏人生的"问题少年"。

一个有故事的男同学

衡阳雁去无留意,北雁南飞,至衡阳而歇翅停回。陈楚柱就出生在这座风景秀丽的旅游城市。虽然在很小的时候就随父母迁居广州,但陈楚柱还是秉承了湖南人"吃得苦,耐得烦,不怕死,霸得蛮"的性格特点。在困难中吃得了苦,把不可能变成可能,创业路上,陈楚柱将湖南人的"霸蛮"精神演绎得淋漓尽致。

走上创业之路前,陈楚柱是一名大家眼中的"问题学生"。2010年,还在上高中的陈楚柱迷上了"穿越火线"这款当时的热门网游,一有时间就溜出校园去网吧打游戏。这种对游戏的痴迷,一直延续到了大学。大学里,陈楚柱组建了线上电竞团队,常年排名广东赛区前列。

临近大学毕业,是走四平八稳的求职之路,还是在电竞里闯出自己的一片天地?陈楚柱陷入了迷茫。从高中开始,陈楚柱就把自己的青春和梦想献给了"游戏事业",也因此成了亲朋好友眼里的"问题生"。大四这一年,在京东商城华南区的一次实习经历,给迷茫中的陈楚柱指明了前行的方向。"这段实习经历让我对互联网有了更深刻的理解,改变了我的思路。我第一次真切感受到,电竞是可以作为一项终身为之奋斗的事业的。"陈楚柱如今对笔者谈到这段经历时,仍然非常激动。

原来,在实习中,他发现电竞是可以通过电商来变现的,是可以养活自己的。实习结束,陈楚柱就叫来电竞战队的小伙伴,在淘宝上做起了卖鼠标、键盘等与电竞相关的生意。因为深知电竞玩家的痛点,陈楚柱的电商生意非常红火。野心逐渐大起来的陈楚柱,又组建起了情久电竞俱乐部。5名队员经过半年训练,在广东城市赛、省赛中连战连捷,以冠军身份进入到TGA春季赛,并最终以亚军身份来到太仓参加CFPL大赛。

时光流转到 2015 年,陈楚柱的电竞事业又迎来了新的发展契机。

给我一根网线,我可以改变世界

这一年,互联网正式迎来大直播时代,国内崛起了龙珠、虎牙、斗鱼等大量直播平台,游戏直播浪潮亦随之兴起,电竞又多了一个变现渠道。陈楚柱敏锐地抓住了这次机遇,成立情久传媒公司,果断进入直播行业。2015 年 9 月,公司已经有了几十名主播,月流水达到 30 万元;2016 年 2 月,公司月营收突破 100 万元,成为龙珠直播上的第一公会;2016 年 3 月,上市公司游久游戏入股情久传媒。因为电竞赛事、各大俱乐部主要在上海,加之龙珠直播又在太仓,2016 年下半年,公司整体搬迁至太仓大学科技园。

如今,楚竹传媒已经占据龙珠直播整个平台上 20% 的流水,各种平凡的人们在这里创造出自己的辉煌。楚竹传媒员工平均年收入在 30 万元以上,最高的月收入达到 10 万元。1995 年出生的刘俊健,19 岁的时候被陈楚柱拉来帮忙做电商生意,如今已负责管理公司的整个直播团队;1998 年出生的小女孩阿怪,2015 年 9 月份开始做游戏直播,1 年半的时间已经收入百万。正所谓,给我一根网线,我就可以改变世界。

看似寻常最奇崛,成如容易却艰辛。电竞战队选手、明星主播虽然拿着令人艳羡的工资,可他们的工作与生活也并不如常人想象的那么轻松。在陈楚柱看来,电竞不单是打游戏,而是一种团队协作的技能。职业选手的日常训练时间很长,工作内容也非常枯燥,往往在凌晨才能下班。

要做中国第一直播公司

如今,电竞的发展前景越来越广阔,社会形象也越来越好。中国传媒大学已经开设电竞专业。2022 年杭州亚运会,电竞也将首次出现在大型综合性国际赛事中,电竞主流化由此迈出了里程碑式的一步。越来越多的公司认识到了电竞的巨大潜力和价值:雪碧投资 8000 万元冠名英雄联盟赛事,宝马投资2500万元赞助KPL王者荣耀赛事……知名KOL陆续进入到电竞这个圈子,让电竞的光环更加耀眼。

据知名数据公司艾瑞统计,国内整体直播用户规模,包括电竞赛事用户以及重度的电竞游戏及其直播用户,在2016年已超过1亿。"接下来,公司的发展策略是继续专注于电竞,然后通过直播来变现。"陈楚柱告诉笔者,公司目前已经有1名"海归"和2名研究生,下一步就是要将公司打造为中国第一的直播公司。

回顾过去的成绩,陈楚柱十分庆幸自己站在了时代的风口上,但同时表示这是团队不懈努力的结果。如今,资本热钱大量涌入电竞,直播行业烧钱严重。但陈楚柱表示,公司还是坚持以盈利为目标,稳扎稳打。电竞玩家很多,但陈楚柱要做大浪淘沙后剩下的金子。今年下半年,楚竹传媒将搬到太仓大学科技园2100多平方米的办公室,比现在的场地大了4倍,为下一步扩大规模做好准备。

这是陈楚柱的创业故事,也是很多电竞玩家的奋斗目标。簪花多在少年头,如今,陈楚柱看着现在这些疯狂追逐游戏梦的年轻人,就像看到从前的自己。"电竞前景无限,但我也要提醒一下后来者,电竞行业的竞争非常激烈,对一个人的能力和素养要求一点也不比其他行业少,关键还是听从自己内心的声音吧。"采访最后,陈楚柱如是说。

(□王硕/文 姚建平/图)

如果你正拿着一个漂亮的膳魔师保温杯喝水,上面时尚的印花很可能就出自他的企业——

张忠明:给大牌保温杯穿上时尚"外衣"

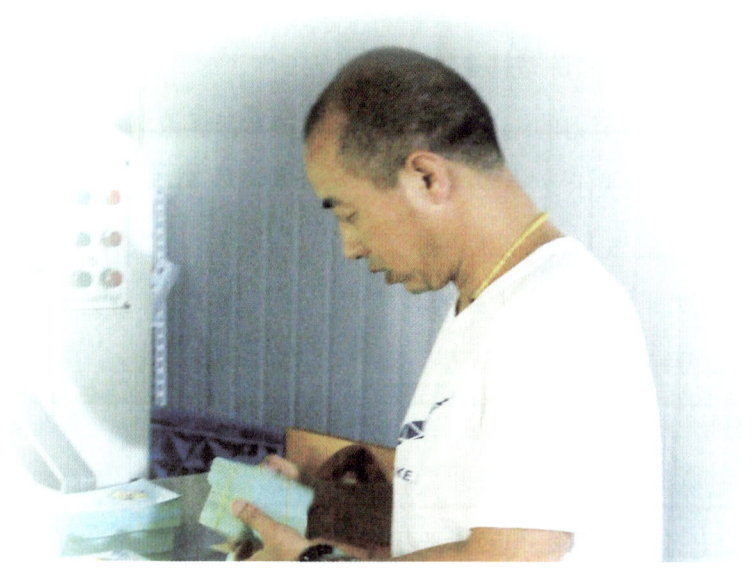

张忠明是土生土长的陆渡人,20年前,当他还是个小伙子的时候,和人合办了一个小小的包装纸箱厂,开始了创业生涯。10余年前,纸箱厂生意不太好做了,工厂开始转而生产自行车上用的印膜。5年前,一个偶然的机会,他接触到了给各种杯子印花的水转印技术,经过潜心钻研、攻关,终于开发出了自己的技术,现在他开办的太仓兴晨彩印包装有限公司给国内一大批大牌保温杯、水杯提供印花用的水转印膜。如果你正拿着一个漂亮的膳魔师保温杯喝水,上面时尚的印花很可能就出自兴晨彩印。

小厂的大牌展示品

位于陆渡管理区西侧的洙泾工业园区是一个村办的工业小区,由高新区洙泾村建设,因为是村办的小园区,园区中落户的企业基本都是小微企业,兴晨彩印就是其中一家。

从外表上看,即使在这一堆小微企业中,兴晨彩印也毫不起眼:一个院子里并排着三座工业厂房,兴晨彩印用了其中的一座,走进公司大门,正对着的门上挂着印刷科的牌子,里面就是生产车间;右拐上楼,是一个大房间,是设计师和张忠明的办公室,旁边还有一个小房间,是一个接待室。

办公室和接待室的墙上陈列着很多保温杯和水杯,杯身上印着各种图案,其中既有抽象图案,也有几何花纹,还有卡通图案,都很漂亮,显得很时尚。笔者注意到,这些杯子上的商标都是一些大牌,有专业生产杯子的膳魔师、哈尔斯、OPUS、COSTA等,也有大牌咖啡公司如雀巢、星巴克等。

这么一家小厂能为这么多大牌进行配套?这些产品是正品吗?

张忠明告诉笔者,兴晨彩印生产的并不是这些杯子,而是这些杯子上印花用的水转印膜。这些公司都是兴晨彩印的客户,膳魔师是公司最大的客户,也是合作时间最长的客户,目前公司每个月大约生产40万片水转印膜,其中约有15万片是给膳魔师配套的,而公司也是膳魔师水转印膜的3家供应商之一。正是因为知道了兴晨彩印在与膳魔师合作,其他几家公司才主动找上门来,要求合作。

"你看这个保温杯,是去年G20杭州峰会的指定合作产品。"张忠明从陈列架上拿起一个展示品说,"上面的这个峰会标识也是兴晨彩印生产的。"

不断开发的新技术

杯子用水转印和一般的印花有什么不同?小小的兴晨彩印为什么能受到这么多大公司的青睐?

张忠明拿起两个杯子让笔者进行对比,笔者看到,这两个杯子中,其中一个印花的色彩更鲜艳些,用手摸,这个色彩鲜艳的印花,有很明显的凹凸感,而另一个则是平的。

张忠明边拿出一张印膜边告诉笔者,色彩鲜艳和有凹凸感是水转印的特点,这膜就有凹凸感。现在杯子上印花的技术比较多,最简单低档的是贴个不干胶;最常用的是热转印,就是刚才另一个杯子上的,这种技术的优点是印花的自动化程度高,印膜一卷一卷的,印膜送到杯子厂后,可以用机器自动印花;还有其他一些技术,也有差不多的特点。而水转印膜是单张的,必须手工印到杯子上,不管是膜的成本,还是人工成本,都比热转印的高,因此只有在高档的产品上才会用,小的杯子厂不会用。

张忠明边介绍,边将水转印膜最外的一层护膜撕掉,然后把膜泡到一盆水中,很快他把这膜从水中捞起,轻轻一揭,膜又分成了有印花的塑料膜和纸膜两层。他把有印花的塑料膜贴到一个没有印花的杯子上,轻轻压了压,再把塑料膜撕下来,原来膜上面的一个商标和香蕉图案就清晰地印在杯子上。笔者摸了摸,这印花不仅抠不下来,凹凸感也特别强。

张忠明告诉笔者,水转印的操作基本过程就是这样的,必须一个个贴上去,在杯厂印时,工人们的技术更好,而且还要经过两次加热过程,印花更牢固,更鲜艳。

张忠明说:"有凹凸感是水转印技术的特点之一,这种凹凸感特别强的是'3D'水转印膜,是公司去年才开发出来的。现在保温杯厂很多,竞争也很激烈,大的保温杯厂为了提高竞争力,除了在杯子本身的设计上创新外,印花的式样、种类也在不断创新,兴晨彩印也要按照他们的要求、理念开发出新的技术,只有这样才能拿到订单。"

随后,张忠明又拿出两个图案差不多的保温杯,笔者看到上面的图案像是用"金粉"随意画出的,很有动感和冲击力。张忠明介绍说:"这种'洒金'水转印膜是公司根据一个客户的要求开发的,一个是第一次开发的产品,样品生产出来后,发现牢固度有缺陷,用力抠的话,有些'金粉'会被抠下来;另一个是改进后的产品,'金粉'不会再被抠下来。"

张忠明介绍,如果仅是图案改变的新品,开发出来还是很容易的,但如果杯子的质地或基底材料不同,或者像上面客户要求比较特殊,要开发新产品就不容易了,他要和公司技术人员、老师傅一起研究,还要和油墨厂沟通。"前一阵,有个玻璃杯厂商也慕名前来,要求合作,这是公司第一次和玻璃杯厂合作,很费劲。"张忠明说。

两次转变谋求发展

20年前,张忠明开始了创业,打拼到了2007年左右,兴晨彩印转而生产转印膜,开始了第一次转变。

张忠明能看到自行车印膜的机会,别人也一样,很快陆渡当地就有了近10家大大小小的印膜厂,一辆车的全套印膜售价也从10多元,逐渐降到了几元。正当生意越来越不好做时,2012年,张忠明从朋友那里知道了杯子水转印膜,觉得它与自行车印膜有相通之处,于是决定开发这种技术,公司开始边生产自行车膜,边全力开发新产品。

张忠明介绍说:"水转印膜看似也是一种印刷产品,但检测要严格得多,仅检测牢固度就要过很多关,比如酒精擦拭、刮擦、反复清洗检测等,在健康测试上,厂家更是要求接受权威检测机构的第三方测试,经过一年多时间的研发和反复改进后,兴晨彩印终于拿出了合格的产品,敲开了品牌厂商的大门。"

(□张立文／图)

从机械贸易生产到研制3D打印设备——

曹超伟：瞄准风口"二次创业"

这几年来,曹超伟一直在为心中升腾的"大目标"而持续努力。这个目标就是研发国内首台工业级砂型3D打印机。

这是曹超伟第二次创业。前一次,他所从事的是熟悉的领域,创业成效也不错,至今,公司仍然平稳有序发展。

二次创业还在路上,并且依然需要"第一桶金"不断"输血"。然而,说到3D打印事业,人到中年的曹超伟依然满怀激情:"这是一个朝阳产业,我把它做好,也是在推动民族工业发展。"

不管是什么时候,曹超伟一直保持着这样的奋斗激情。

数月没领到工资，仍然努力工作

大学期间，曹超伟学的是国际经济与贸易专业。毕业后，他带着几十块零钱走上社会，寻找工作。

对于家在农村，刚刚步入社会的大学生来说，曹超伟觉得自己不应该再向父母伸手寻求物质上的帮助，即便是刚刚毕业。

那是一段艰苦的日子。

曹超伟进入一家公司做业务员，由于没有钱租房，在公司屋檐下睡了几个晚上，老板看不下去了，将他安置在一间厂房里，这里没水没电，由于地处偏僻，晚上都叫人害怕。

生活的艰苦并没有让曹超伟只顾忙于考虑如何换一个更好的公司，有更好的福利。他在选择求职单位的同时，一直在考虑中国外贸未来哪些行业前景看好。

由于外贸业务需要，他常与各国人员打交道。他发现，中国员工勤劳、零部件采购便捷、加工商多，机械设备企业生产环境好，能够及时满足客户需求。成套机械设备外贸业务将迅速发展。

于是，进入一家机械设备公司成为曹超伟的希望。也是在这样的情况下，曹超伟来到了太仓。

这家公司在行业内小有名气，但由于内部管理等方面的原因已经在走下坡路了。这一点直接表现在曹超伟的待遇上，他是5月底入职的，但到11月份才拿到第一份工资。

不过，曹超伟认定了机械外贸这一行业，并没有考虑太多。这期间，他没有一点抱怨，反而兢兢业业工作。很快，他为公司拉到了订单。

首次创业，是"别人推着往前走"

曹超伟在这家公司工作了1年多时间，在公司清退人员中离职了。不过,一位十分欣赏他的公司领导随即找到了他。

"小曹,我们合伙成立一家贸易公司,你仍然负责做外贸。"这位领导建议。

其实,当时的曹超伟虽然有一些积蓄,但并不多。不过经过考虑后,他还是决定创办这家贸易公司。因为除了这位领导有意,也有一些客户十分认可他。荷兰一家客户就曾经表态:"曹,我们只认你。"

曹超伟也曾询问为何对他这么认可,对方说:"当我第一次认识你时,你的英语说得并不好,机械知识也不太懂;第二次遇到你时,你基本能和我沟通了,专业知识也增长了不少;而到了第三次,我们交流完全没有问题,你对机械设备的了解大大出乎了我们的意料。"

与此同时,员工也不缺,只要有人振臂一呼,同批被清退的员工很多都会加入进来。于是,在"众人的推动下",曹超伟拿出并不多的积蓄开始创业。不过,这对于他来说是投入了"全部身家"。

但是没过多久,合作人由于原公司经营状况持续恶化,便从贸易公司撤资。这时,也是曹超伟正在酝酿公司转型发展的阶段。

在做外贸的时候,曹超伟发现生产企业的技术服务常常存在滞后性,达不到迅速响应客户的要求。而且,欧洲标准高于国内标准,达到欧标的设备更容易进入外国市场,他有意研发一些受海外市场认可的新产品。

于是,贸易公司向生产公司转型,有了苏州艾泰普机械有限公司,并且研发出多种领先的智能化设备。几年来,产品销往东南亚、欧洲、美洲、非洲等多个地区。

"天时地利人和",进军 3D 打印领域

第一次创业,艾泰普就获得平稳发展。不过在曹超伟看来,还是有一点小小遗憾。

十年前是机械外贸行业发展的春天,但从 2008 年开始,舆论对全球经

济走势一直持不乐观态度。经济形势不好,艾泰普不敢轻易有大动作。"现在回过头来看,经济状况虽然不算好,但也不太差,如果这期间能更好地抓住机会,可能发展就更不一样了。"回忆起当时的情形,曹超伟话语里有着不少的遗憾。

曹超伟分析认为,自己没有很多的管理经验,也没有长期在大型企业工作的经历,决策管理上"火候"还不够。

当他意识到这一点时,一个偶然的机会,"3D打印"闯进了他的视野,他觉得这是一个新的机遇。

给他带来这个信息的是摩尔多瓦人史蒂芬。史蒂芬是曹超伟在做外贸业务时认识的朋友,他毕业于摩尔多瓦科技大学,曾经留学俄罗斯,之后在德国一家公司担任技术工程师,专职于3D打印设备的开发和生产,对3D打印设备有着属于自己的创意和经验。

"当时,我听说3D打印设备为汽车、轮船、航空航天、军工武器等行业的浇铸件打印模具,速度快且精确度高,能够有力推动民族制造业发展,就感到眼前一亮。"曹超伟了解到,砂型模具3D打印机生产企业目前并不多,国内尚未听闻有同类企业,他决心开创先河。

曹超伟知道,传统的砂型模具制造费时费力,需要工人多,且车间环境差,模具在一个大型机器内打印出来,速度快、精确度高,而且还环保、减少人力成本。少数企业已经开始使用3D打印代替传统制模工艺,一家国内企业,从德国购买了8台3D模具打印机。

"从2014年底我就开始组建团队,谋划第二次创业了。"此后,国家有关政策也提及支持3D打印事业发展,太仓软件园提供了场地,2016年1月,苏州立元三维铸造科技有限公司成立。曹超伟称之为"天时地利人和",立元三维正式起步。

好事多磨,坚定目标不放弃

因为国外已有先例,根据曹超伟、史蒂芬等人的前期计划,他们利用不到两年的时间就可以研制出第一套样机。

然而,真正着手实施时,遇到了诸多意想不到的困难。

打印机中700多个零部件,不仅是核心硬件,其他许多零件也是从德国进口的,选择进口只是因为质量好、精密度高。因为每一家只能供应几个零件,所以要采购几百家供应商。仅这些零件的采购就花费了较长时间。之后进入软件开发过程,原本以为2~3个程序系统就可以支撑打印机工作,事实上,最终他们请专家开发了6个程序。这些俄罗斯专家多次来到太仓,数次测试后才完成软件支持工作。

因为要研发的是一台工业级打印机,根据现实生产情况,需要机器能够打印大型模具。因此,这是一个"大家伙",最大模具长宽高分别达1.2米、1米和1米。因为大,来自平整性的工艺困难就迅速上升,打印后的运动轨迹不仅要保持水平,打印平台也要保持绝对平整,这些技术难题也在一定程度上阻碍了研发进度。经过前后2年多时间的努力,立元三维已经拥有了30多项专利,涉及原材料、材料供给装置、打印头、打印方式等。

大家认为终于一切准备妥当,满怀期望开始打印第一个成品件,结果却并未能令人满意。产品是打印出来了,但精度还达不到要求。

之后,又进入请专家研究排查的环节,最终发现问题出在有几个零部件平整性不达标上。曹超伟又开始物色工艺水平好的加工企业。

"既要有一定长度,又要保持很好的水平性,加工商不好找。"但这样的问题在曹超伟这里,已经不算什么大问题了,总之是可以找到的,只是时间上的事情。

回顾这次创业历程,虽然遇到了很多难题,但曹超伟认为,总体进展还算顺利。最近,他办公室里挂了一幅书法作品,上面是毛泽东的一句诗,"雄关漫道真如铁,而今迈步从头越"。这是他目前状况的真实写照。

(□戴周华／文 姚建平／图)

首开太仓"网上拍卖"先河。他真心诚意地为客户当好资产公平交易的勤务员和盘活闲置资产的中间人——

陆志强：勇当"敢吃螃蟹"的弄潮儿

儒雅谦逊，思维敏捷，这是苏州娄江产权交易拍卖有限公司董事长陆志强给人最直观的感觉。

陆志强不仅开创了"网上拍卖"的先河，而且在公司业务拓展中勇于下真功夫、敢于啃"硬骨头"。他在把企业不断做大做强的同时，也体现出了一种深深的社会责任感。"帮助他人成长，成就自我价值"，这是他始终默默坚守的人生信条。

这些年来，陆志强在行政管理部门、企事业单位转换经营机制过程中，真心诚意地为客户当好资产公平交易的勤务员和盘活闲置资产的中间人，给加快改革转制步伐,推进经济社会发展创造了有利条件,赢得了广泛的社会信誉。

他在太仓率先开创"网上拍卖"先河

如今在太仓,只要提到娄江产权交易拍卖有限公司,很多人都会竖起大拇指,夸赞不已。特别是该公司在2009年开创的"网上拍卖"方式开创了业内的先河,并得到了有效推广。而这一切都源于一个人,他就是该公司的董事长陆志强。

2001年,作为吴江一家拍卖公司的员工,还不到30岁的陆志强被公司委派到太仓开辟市场。当时,在太仓很多老百姓的心目中还没有"拍卖"这个概念,甚至很多人对拍卖还十分排斥。对于这个如同一张白纸的空白市场,其市场打开的难度可想而知。但陆志强并没有知难而退,他觉得这个"空白"也意味着有无限的潜力可以开发。每天,他起早贪黑地骑着自行车一家一家单位进行宣传、推广。功夫不负有心人,短短几个月时间,他的业务就有了起色。不到3年,陆志强就被提升为经理,太仓的业务也做得风生水起。到了2008年,由于公司管理层在一些问题上出现重大变故,面临抉择的陆志强在经过激烈的思想斗争之后决定自己创业。当年年底,由他担任法定代表人的一家咨询服务公司应运而生。

帮别人干和自己独立干,完全是两码事。公司成立之后,在长达半年的时间里,陆志强没有接到一张单子。这时,身边的亲朋好友开始旁敲侧击地提醒他,实在不行就放弃吧,不是每个人都能做老板的。面对这些善意的劝告,陆志强并没有打退堂鼓,因为他的心里对公司的未来充满信心。果不其然,机会很快就来了。

当时,市实验小学的总务找到陆志强,请他帮忙把学校的一批旧桌椅处理掉。因为学校购置了一批新桌椅,这些旧桌椅堆放在操场上很不雅观,而且再过几天就有上级检查组来学校检查。学校联系了本地的一些民工子弟学校,准备免费送给对方,但这些学校考虑到搬运费较大,都婉言谢绝了。陆志强知道,本地的民工子弟学校的教学条件并不差,而真正需要这些桌椅的是西部一些贫困地区的学校,但这里又存在一个信息不对称的问题。如何让对方能够获得这一信息,陆志强觉得最好的渠道就是上网,通过"网上拍卖"这种新颖的方式来处理这批旧桌椅。令很多人没有想到的是,陆志强把相关拍卖信息挂上网之后,很快就吸引了多家单位前来应拍。最终,这批旧桌椅被一家公益组织成功拍到,他们把这批桌椅捐赠给了河南的一家苗族学校。只用了3天时间,陆志强不仅把送人也不要的物资成功处理掉了,还让学校获得了一笔可观的收益,学校负责人对他十分感激。这件事不仅让陆志强的名声大振,而且也让他尝到了"网上拍卖"的甜头,从此一发不可收拾。

发挥桥梁作用,让闲置资产焕发勃勃生机

由于工作的关系,陆志强敏锐地发现,国家贯彻改革创新机制,转换经营方式是一项明智之举,需要干部职工树立"摸着石头过河"的勇气,才能突破"瓶颈",走出新路。而少数人面对机制转换、部门撤并、资产闲置的新形势,在思想上难免出现一些波动,主要是"三个难处":有的分管干部感到闲置资产难安排,有的单位职工认为店面房产难出售,有的银行人员担心抵押贷款难收回,在一定程度上放慢了转制的进度。

针对在转制中出现的问题,陆志强在有关部门的支持下,热情参与商贸系统转制工作,积极会同相关部门领导,统一"长痛"不如"短痛"的思路,理顺关系、把握动态、明确方法,并加大对拍卖政策精神的宣传和坚持公开、公平、公正的原则,欢迎商贸系统内外人士踊跃参加闲置资产认购活动。他曾经组织策划太仓商贸系统闲置资产公开拍卖会,原来一般30平方米、每平方米起拍标的为3000元的街面商铺,通过竞拍一下子上扬到最高价每平方米值为16000余元,最低价每平方米值也达到7000元至8000元。通过新区闲置厂房等公开拍卖会,2015年起美国摩根、澳洲嘉民等重量级国际基金公司已成为苏州娄江产权交易拍卖有限公司的客户。在国有、集体闲置资产处置中,陆志强让其拍卖公司发挥了桥梁作用,充分体现公开、公平、公正原则,取信于民;通过闲置资产的盘活,增加了经济效益,还有利于银行收回财产抵押贷款资金,降低金融风险。

与此同时,陆志强锐意进取重改革,把自身丰富的专业知识,转化为精良的工作能力。一是将原来的拍卖公告从室内转为户外传播。通过报纸、网络广为传播,让公众对公司委托拍卖的标的、资产性质、购置年限、具备功能等,一看就明白、一听就清楚,也有效地提高了拍卖的成交率。二是将原来现场拍卖转为上网交易。将拍卖资产的相关要素在网上发布,提高客户拍卖资产的知晓度,扩大选择余地。三是将原来对客户注重理性解释转为帮助办好实事。在对参加拍卖资产单位的政策要点、业务操作、资金核算、标的认定等方面进行辅导的同时,抓紧时机、超前介入,深入房产管理部门、承接贷款的相关银行,寻找当时购置资产的当事人员,详细了解情况,

建立了比较完整的资产档案资料,提供评估、咨询、产权交易等业务服务,为买卖双方减少了不必要的烦恼,也提高了工作效率,缩短资产上市交易时间。四是将原来拍卖会结束,一拍了之转为事后延伸服务,帮助拍到资产的客户缓解后顾之忧。有的客户把拍到的房屋出租给外地来太打工的人员,虽然事先签约租房合同,但承租者往往以各种借口,拖延或拒付房租,而出租房主人时常到公司来告状。公司明知这是件分外事,但还是组织人员上门对租住房屋的人员给予耐心教育,引导他们要信守合同、诚实待人。这种以理服人、以情动人的管理方式,很快使出租者和承租者双方握手言和、真诚相待。

工作中敢于啃"硬骨头",生活中用激情和智慧做公益

前段时间,市内一家银行找到了陆志强,请他的公司帮助对单位的资产进行盘底。其实在找陆志强之前,这家银行已经找了好几家公司来做这件事,由于情况太过复杂,这些公司最终都知难而退。很多业内人士都清楚,这个业务不好干,由于时间跨度较长,加上主要领导和经办人已经更换多次,盘底工作无从着手。最主要的是,做这件事还特别容易得罪人。但陆志强就是一个敢啃"硬骨头"的人,他欣然接下了这个活。通过扎实的工作和自己多年总结创立的特殊工作方法,陆志强带领他的团队很快就把这件事情办好了。

工作之余,陆志强还积极关注社会民生和公益性事务,他本人也身体力行地参与社会公益事业。他本人是全球性公益组织"狮子会"的会员,每年都自发组织和参加针对社会弱势群体的公益活动,走进爱心学校、上街宣扬公益、策划慈善义拍。陆志强说:"大家未必有能力去做慈善,但是我们每个人都应该可以去做公益,参与公益。"做公益就是唤醒每个人心中的善良,陆志强虽然平时工作非常忙,但仍然坚持出力、出钱做公益,用他的激情和智慧做公益。

陆志强一直倡导,这个社会不仅是要部分人做很多,而是要让更多的人都能做一点点。哪怕是用你的一个真诚微笑,来传递你的善意;或用一个侧身让路、一个弯腰拾捡来表达你的善举,小爱无域大爱无疆。他也常鼓励家人用心底的善伸出及时的手,做个有慈善心、有公益心、有博爱心的人。2017年5月,他自筹资金在吴江成立了首个慈善冠名基金——同里老家助学基金,为同里学生提供了一个助学平台,倡导一些有善心和善行的人士加入助学行列,共同帮弱扶贫,捐资助学,情系同里教育,用实际行动真心为教育的发展献爱心、做实事。

陆志强说:"我们没法选择自己出生在哪个家庭,但我们却能全力以赴地活出自己。"他希望通过助学关爱,使寒门学子不再寒冷,能将暂时的弱势化为奋发学习的动力,以优异的成绩回报社会,实现自己的梦想,进而实现我们伟大的中国梦!

(□薛海荣/文 计海新/图)

电动观光车、电动巡逻车……他的企业成为电动车行业的明星——

廖东民：心中始终有个"造车梦"

戴着一副金丝边框眼镜，讲话斯斯文文，在廖东民身上看不出他是个生意人，更像是个在学校搞科研的技术男，但廖东民已经在汽车行业摸爬滚打了20多年。现在，他的两家公司——苏州朗格电动车有限公司和苏州震科汽车配件有限公司已经在汽车业界取得了很好的成绩。

前两天，廖东民刚和双凤镇的领导去上海招商，通过他在汽配行业的关系，帮助双凤引进更多的汽配企业，完善汽配产业链。当然除了当"红娘"之外，他考虑更多的是自己的两家公司如何升级转型。

"的确，在当前的形势下，如果不转型，将是死路一条。"廖东民说，虽然这几年碰到了不少挫折,他还是想继续他的汽车梦。

从小就有一个"汽车梦"

说到廖东民的"汽车梦",他说这是他从小就有的梦想。"不是现在喜欢这个行业,小时候就非常痴迷,还记得那时候经常在上课时画汽车。"说起自己的这个梦想,廖东民话语间全是得意。高考后填的所有志愿都是和汽车有关的,后来廖东民如愿进入吉林大学汽车学院学习。

毕业后,廖东民回到福建老家,供职于厦门金龙,一干就是8年,他从一名普通的汽车内饰设计师做到了首席工程师。"可以说把青春都献给了汽车设计。"廖东民表示,也正是这8年让他深入了解了汽车行业。但廖东民总觉得缺了点什么,似乎离自己生产汽车还有一点距离。2001年,因为家庭原因,他决定离开厦门金龙,自己创业。刚开始落户在苏州相城区,建立了苏州震科汽车配件有限公司,生产的是以客车为主的汽车转向系统。

但廖东民心里想的一直是成立一家自己的汽车生产企业。"当时考虑到不可能马上生产汽车,也没有这个实力,所以想到先生产电动车。"廖东民表示,主要是基于为以后生产汽车积累经验,而且也看到了新能源车辆在今后的应用前景。为此,廖东民成立了苏州朗格电动车有限公司。

成为电动车企业中的明星

2012年,通过朋友介绍,廖东民把企业从相城搬到了双凤。"当时也正是看到双凤的区位优势和成本优势。"廖东民说。

到2012年5月份,朗格电动车首款E系移动警务室正式下线。之后,朗格电动车得到了长足的发展,生产的电动车种类包括:电动观光车、电动巡逻车(电动警车)、电动搬运车、电动校车和包括移动岗亭、流动警务室、电动小巴、电动货车、电动送餐车、电动环卫车、电动采血车等在内的各种电动改装车。

"我们更加注重电动车的细分市场，特别是公共的功能性电动车的设计和研发。"廖东民介绍，朗格具有设计经验丰富的独立的汽车设计公司，分别为朗格设计开发出具有独立知识产权的熊猫、海豚、企鹅等系列电动观光车，海豚系列电动载货车、电动巡逻车等。

此外，朗格还根据客户需求，个性定制了不少功能性电动车，比如移动警亭、流动警务室、电动医疗车、电动采血车、电动垃圾转运车等。最近，朗格就根据客户要求，生产了一款微型电动消防车，非常适合于窄小道路下的农村、社区消防。

现在朗格已覆盖全国，公司在国内十余个省份设有销售网点、办事处和售后服务点，并正在扩大对市场的服务范围。同时公司积极拓展海外市场，产品远销澳大利亚、韩国、泰国等国家。

与此同时，震科汽配也在国内的客车市场站稳了脚跟。

在转型升级中实现"造车梦"

"做企业不可能永远一帆风顺。"这句话廖东民心里很清楚，但这两年遇到的打击还是让他有些意想不到。

2015年，朗格首批海格物流电动车正式下线。这款车是苏州朗格电动车与苏州金龙海格客车联合打造的一款新能源车，采用双方联合研发的直流永磁同步电机，整车安装及核心部件研发制造都是在朗格进行的，并已进入国家新能源车产品目录……"那时候苏州金龙有上路牌照，朗格有技术，如果能真的上路运行，我的'造车梦'也差不多实现了。"当时廖东民对这款电动物流车信心满满，期望着哪一天能上路运营。

但是，2016年苏州金龙涉新能源核查风波，让朗格与金龙合作的很多项目都停止了。"那些项目朗格都花了很大的人力、物力、财力，但说停止就停止了，让企业损失非常大，而且让朗格一下子没了方向。"廖东民表示，这次事件对他来说打击很大。

这次经历让廖东民觉得公司必须进行转型升级。"现在低速电动车市场空间有限,朗格必须往新能源、智能车方面发展。比如说,朗格现在的电池动力还在用铅酸电池,以后将逐步转向锂电池。以前怕成本提高客户不接受,现在必须要换,这是大势所趋。"廖东民非常坚决地说。

此外,目前朗格正在与同济大学、上海交大、吉林大学等进行合作,开发低速无人物流车,解决物流运输的"最后一公里"问题。

震科汽配同样遇到转型升级的问题。"随着高铁的发展,现在长途客运市场呈逐渐萎缩的趋势,商用车呈减少的趋势,所以影响到客车转向系统的销售。"廖东民同样把客车转向系统的转型放在新能源、智能公交车上。

"以前的客车的仪表、操控等都是分模块的,现在震科的目标就是把车辆的显示、控制系统都与转向系统合成。"廖东民介绍,现在震科正与法国商用车仪表龙头企业欧科佳进行合作,开发一体联动式的带仪表盘的转向柱。

对于今后的发展,廖东民充满信心,因为他还有未完成的"造车梦"。

(□周琦/文 姚建平/图)

申请注册产品品牌商标,自己做品牌代言人,购进一批现代化的板材加工设备——鑫保家具有限公司规模不大,但老板张红斌在近三年里接连做了好几件事情。

张红斌:做敢闯大市场的"小舢板"

位于沙溪镇归庄的鑫保家具有限公司,是太仓市一家规模很小的家具厂,然而,老板张红斌最近几乎倾其所有,租下了一个2000平方米的车间进行升级改造,投资购进的数套大型智能数控板材加工设备,在短时间内就投入正常运转,为上海某新小区配套的厨房用板材家具,正源源不断地从生产流水线上下线,鑫保呈现出勃勃生机。

申请注册商标,打造属于自己的橱柜品牌

"我从事的是家居装饰建材定制行业,虽说很累,但很充实。每当客户

把钱交给我的时候,就把信任交给了我,我呢,必须把高品质的产品、高品位的服务交还给客户,这是我的职业生存之道。"这是采访张红斌时,他说的第一句话。

今年40多岁的张红斌来自四川,早年在太仓某公司打工,因勤劳和诚实,赢得了公司老板的赏识,在他家庭最为困难的时候,老板把一些设备转给他,让他自己办厂打拼,这一干就是五六年,他生产的橱柜也因此进入了太仓城里的许多家庭。2013年,他在太仓开了一家橱柜定制专卖店,代销全国连锁的好来屋品牌橱柜,同时也销售自己家具厂的定制橱柜,逐步赢得了市场的认可。

"订单多了,我就根据客户的个性化需求,推荐自己工厂的产品。为此,我增添了一些新设备,尽量生产出能满足客户各种要求的橱柜和衣柜,我自己生产的橱柜,在总销售量中的占比慢慢提升。我就想,我应该要打造出自己的品牌,更好地去赢得市场。"2015年2月,张红斌开始把自己的这一想法付诸行动。他通过北京的同乡朋友,找到了一家知识产权代理公司,为自己的橱柜申报品牌商标。

很快,他向相关部门先后申报"三金橱柜""三鑫橱柜"等商标,但一进入申报系统,都被"类同、近似、重复"等条件否定了。在三番五次的申报后,最终,"三金佰厨"及LOGO同时获得通过。当笔者问他为什么用这个品牌名称时,张老板解释,"三金"取自"鑫"字,"佰厨"是他发展的方向,他要让所有高、中、低客户群体都能享受到高质量服务、高品质高性价比的产品。如今,"三金佰厨"在太仓城里有店面,金字招牌开始了它"生命"的起步。

表明诚信经营的态度,"山里娃"自己为品牌代言

"没有质量的品牌是不长久的,没有诚信作为底线的服务,也是不长久的,我之所以用自己的形象做品牌代言,就是想向客户说明我诚信经营的态度,我公开自己的形象,是用我的人格给我的产品做保证,让客户来监督我。"人到中年有点发福的张红斌,说到打造产品品牌时,一双不算大的眼睛,总是闪烁着自信的光芒。

此事要从2016年4月的一天说起。那天,坐在电脑前的张红斌正在思考如何让自己的品牌能在较快的时间内推向市场。想着想着,他突然冒出一个大胆的想法,"用自己的形象来代言"。他说,最初是受一些大品牌公司老板的影响,他看到一些专家、名医等都有这样的做法,可自己是一个"山里娃",能行吗?肯定了,又否定,在几番思考之后,他最终还是决定尝试一下。他先找到了一家影楼,拍了一组照片,可由于匆忙和胆怯,出来的照片总觉得少了一点气质。之后,他又一次找到一家照相馆,静下心来,胸有成竹地摆出最好的姿势,终于在一组"靓"照里,有一张他自己觉得较为满意的。"这张照片带着一点微笑,留有一丝谦虚,更有自己山里娃的纯净和诚实。"他把照片发给一家广告公司,一幅用自己形象做代言的广告图案就这样"出笼"了,上面的广告语是:"我叫张红斌,山里娃,农民的儿子,我为自己代言。家门口的全屋定制,让您更放心!"诚实又带点幽默的广告,一下就吸引了众多市民的目光,个别同行把张老板这一行为称作"张大胆"。可他自己说:"我胆子不大的,我只是想以此来鞭策自己,使'三金佰厨'成为百姓的'厨房之宝'。"

不满足于"小作坊",引进高端设备博大市场

带着长鼻子的裁板机、拖着大袋子的封边机、全智能电脑控制的侧孔机,整个车间没有几个工人,各台机器都在"静静"地高速运转之中,粉尘几乎都被吸尘装置吸进了大肚子里,一块块整齐的橱柜、衣柜板材,不断地从生产线上下线。张红斌正在车间边上一间简易的办公室里打着电话,联系着业务的往来。

"这次工厂改造升级,我是全身心扑了进去,过去'小作坊'式的生产模式将一去不复返,公司的生产能力得到大幅度的提升,我们企业将以全新的面貌出现在同行面前。"张红斌深有感触地给笔者讲了他自己遇到的几件事情。去年,上海一家设计公司要精装上百套公寓房,需配套400多件衣柜、橱柜和书柜,该公司业务员看到三金佰厨的产品时,觉得很满意,决定签约采购,可这让张红斌十分为难,对方要求20天交货,他根本无法完成,最后只得放弃了这笔眼看到手的"香饽饽"。今年初,张红斌拿下了昆山花桥一处精装房的200余套橱柜业务,时间为一个月,尽管客户对他的产品是满意的,但因为交货期拖延了,最后对方以延期交货为由,让张红斌缴纳了部分违约金。

张红斌介绍,最近公司工作很忙,任务压得特别紧,上海一家知名装潢公司每月配套橱柜、衣柜100套,正在加工生产,部分已组装出厂;张家港、常熟、昆山都有客户来洽谈业务;江西一家知名卫浴生产公司,也来要求配套卫浴柜2000多套。

目前,鑫保家具有限公司仍是一家小企业,张红斌作为这只"小舢板"的掌舵人,对进军家装这个大市场充满了信心,他将带着员工击桨前行,力争打造出一片光明的未来。

(□姚建平 文/图)

开发光纤传感技术，可直接将传输光纤改变成"光纤神经"——

吴东方：争执光纤传感业"牛耳"

2017年8月21日，笔者见到苏州光蓝信息技术有限公司董事长吴东方时，他刚从北京回来，并当选中国智能科学技术最高奖——"吴文俊人工智能科学技术奖"评审专家不久。接受采访时，吴东方语气平和，却难掩他心中对光纤传感业的壮志——要做光纤传感的"执牛耳者"。对于多年创业心得，他脱口而出："数年创业生涯，有进步，也有挫折，创业维艰，岂可轻言放弃，仍需奋发向前。"

或许就是这句"创业维艰，岂可轻言放弃"，让吴东方在光纤传感领域成功地走出了一片天地。吴东方，国家科技重大专项评审副组长，近年来，他作为主要发明人已申报发明专利15项并授权10项;先后获得中国发明创业奖、人物奖、全国质量评价科技创新突出贡献者奖、科学中国人年度人物奖,在国际上获得日内瓦国际发明金奖、匹兹堡国际发明金奖等,并在国内获省部级科技一等奖2项,二等奖3项,三等奖3项等诸多荣誉。

对光纤传感"一见钟情"

1978年出生的吴东方,虽已近不惑之年,但他骨子里仍透着一股与生俱来的韧劲。2008年,吴东方于复旦大学物理电子学专业博士毕业后,就将自己的创业方向定在了光纤智能传感领域,因为这个领域还未大规模开发,与吴东方的创业目标一致。

吴东方先在上海一家光纤安防企业工作了两年,这两年为吴东方在光纤传感领域的研究积累了经验。2010年,吴东方毅然辞去上海的高薪工作,义无反顾地开始自主创业。2013年,对于吴东方来说,注定是不同寻常的一年。这一年,作为光电传感领域的高端人才,吴东方被引进太仓,专攻光纤安防领域,实现了自己创业的"小目标",成立了苏州光蓝信息技术有限公司。

光蓝是一家在光纤传感技术领域开发先进安防监测技术和产品的企业,目前,该企业的光纤产品在业内走在前列。吴东方带领团队反复调试,研发出"智能型光纤安防预警系统",该系统在由中石油河北公司举办的一场光纤传感行业"华山论剑"长达半年的比赛中,以最稳定、最精准、误报率最低,拿下了第一名。光蓝在光纤传感领域拥有了重大优势,今年产值预计可达到3000万元。

企业研发难言失败

采访中,吴东方透露,光蓝的研发一步一个脚印,有的放矢。"科技型中小企业基于规模等因素,在企业的研发上是难言失败的。"吴东方说。创业伊始,吴东方就全心扑在了科研上。为保持设备的精度,反复调试、加班加点,成为吴东方工作的常态。

当然,吴东方的执着也给企业带来了辉煌。众所周知,输气管、输油管这些常年埋在地下的管道,若发生泄漏,短时期内很难发现,甚至会转变成灾难。而用光蓝的光纤传感技术,则可直接将传输光纤改造成"光纤神经",可精确收集光纤上每一点的气体浓度、温度、位移、压力、震动等变化,即时感应并通过大数据分析做出判断,在灾难发生早期提前预警,控制危害的影响。

在这项技术上,让吴东方自豪的是,光蓝已一举突破了该领域国际上最大监测距离60公里的技术瓶颈,"超远程输油气管管道安全光纤式预警系统"单套主机最长监测距离已突破100公里。监测距离越长,意味着沿线布下的光纤设备减少,为客户节省成本。目前,产品已成功进入上海、天津、河北等城市的地下管网领域。

由于这项远程监测技术的门槛较高,目前世界上仅有美国、英国、日本等少数几个国家拥有此技术。光缆技术的成熟,也开辟了这一技术在国内的新征程。在前文所述的光蓝参加中石油河北公司举办的一场长达半年的光纤传感行业的"华山论剑"中,光蓝在7家公司中,历经人为模拟在线路上实施人工、机械挖掘等破坏程序,光蓝产品最终以精准、稳定的性能拿下第一名,顺利拿到了订单。

要把产品做成行业标准

"光纤传感这个领域,目前国内还未形成真正的行业老大,这也是一把双刃剑",吴东方透露,当前业内规则未定,而邻近领域的高端人才又跑到了其他行业,影响光纤传感产业的发展,因此,亟待出现行业标准。事实上,此前就有业内人士透露,有企业打着光纤传感的标牌,做出的产品不合乎标准,"精度不行,误报率也高",而让光纤传感业在市场遭受影响。

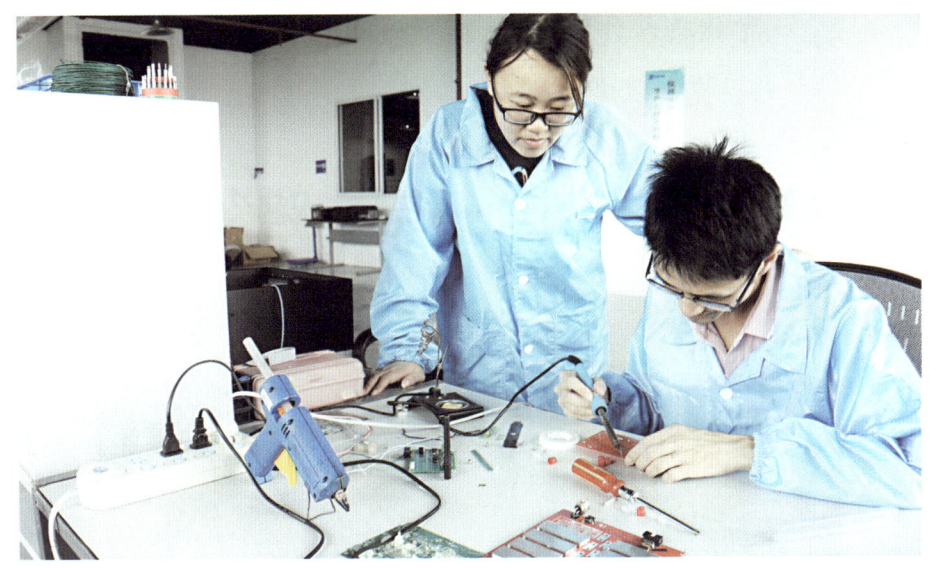

做成行业标准,吴东方也在这一领域逐步靠近目标。在去年举行的日内瓦国际发明展上,由吴东方领衔研发的"智能型光纤安防预警系统"获得了金奖,而日内瓦国际发明展是世界最负盛名的三大发明展之一,获此荣誉,恰好说明了光蓝产品的独特价值。

吴东方的光纤传感事业,已进入"风口",隶属上海的监狱都将采用光蓝的"智能型光纤安防预警系统",而在进军国际市场的路途上,光蓝一直未停歇,俄罗斯、东南亚、非洲等市场都在洽谈中。当前,光蓝的产品已应用于工业、民用及军用领域,为高铁、高速、隧道、通信、电力、石油、天然气、边境线、军事基地等各项设施的安全保驾护航,提供及时安全的预警信息。

(□肖朋/文 姚建平/图)

把钢轨扣件卖到60多个国家与地区,在匈牙利、哈萨克斯坦建厂——

林义博:搭上"一带一路"快车

坐落在沙溪镇工业园区的中博铁路紧固件有限公司,外观没什么特色,与一般的中小工厂无异。

但是,当笔者听到中博董事长林义博说,中博将产品卖到了全球60多个国家时,不由得对其刮目相看。

美国、西班牙、匈牙利、突尼斯、肯尼亚、哈萨克斯坦、泰国……从第一件产品下线,到客户遍布各大洲,中博仅用了10年左右的时间。

"厂二代"的抉择

"我的父亲是一位'老三线'建设者,从东北调到四川后,一直在铁路配件厂工作。"林义博告诉笔者,"那个年代,作为'厂二代',我就接了父亲的班,进了父亲所在的工厂。"

青年时期的林义博,做事干练,胸藏锐气。1995年,他因表现优异,被提拔为生产主管。虽然升了职,但偏僻之地的工厂里的生活,依然平平淡淡,他一度以为自己会就这么过一辈子,直到厂里发生了一件大事。

1999年,上级部门决定将林义博所在的工厂,整体迁往上海嘉定。大部分人选择留在四川,一些骨干则去了上海,包括林义博。

从山沟里来到大都市的人们,憧憬着能过上更美好的生活。不料,国企改革大潮汹涌,林义博所在的工厂没多久就改制了。由于新东家不兑现改制前做出的承诺,林义博和他的师父一咬牙,辞职不干了。

磕磕碰碰又几年。到了2006年,林义博和他的师父在常熟共同成立了一家叫"惠博"的小工厂,专做铁路大桥用的金属固件。因为熟悉这一行,林义博师徒二人很快将惠博发展起来。

"惠博的经营状况相当不错,一年能有三四十万元的利润。但后来,我与师父的意见发生了很大分歧。"林义博介绍说,"师父有小富即安的思想,不愿追加投资、扩大生产规模,而我正好相反,一心要将惠博做大做强。"

不可调和的矛盾产生了,师徒俩谁都无法说服对方,最终,林义博做了一个艰难的决定——前往太仓单干。怀揣着几十万元的启动资金,他在沙溪镇岳王片区租下一座厂房,上马一条生产线后就开工了。

这座小厂,正是中博的前身,尽管条件简陋,但被林义博视为孩子。那段时间,他不是守在厂里把控产品质量、看酸了眼睛,就是在外边跑市场、磨破了嘴皮。创业之艰辛,至今令他唏嘘。好在凭他多年积累下来的人脉,中博渐渐站稳了脚跟。

一路"进击"

由于国内市场准入等方面的限制,刚开始时,中博主要是为国外客户生产铁路紧固件。这类海外订单的共同特点是金额都不大,适合中博这样的小厂做。

2007年的一天,林义博突然接到一个电话,有位朋友给他介绍了一笔生意,买家来自非洲国家突尼斯。经过进一步洽谈,突尼斯的这笔订单金额达到了60万美元,折合人民币500余万元。

"这是建厂以来,我们接到的最大一笔订单,金额甚至是厂子启动资金的10倍以上。"时至今日,林义博谈起此事仍是一脸兴奋,"当时,我连续几晚没睡好觉,高兴之余,更多的是担心——担心产品做不好、搞砸了。"

为了确保突尼斯的客户满意,林义博紧盯生产,每一个环节都要过问,产品上哪怕出现一丝瑕疵,也要立刻废弃、重新铸造。凭借货物过硬的质量,这笔订单最后圆满交付,中博也由此完成了一次极为重要的资本积累。

到了2008年,中博正式注册成立,企业发展一日千里,年销售额已经达到了三四千万元。也是在这一年,苏州国信集团看中了中博的发展潜力,入股成为中博大股东。在国信集团的支持下,中博在沙溪镇工业园区拿地新建厂房,并于2010年完成了搬迁。

随着技术、品牌、渠道有了积累,加上国内轨道建设如火如荼,中博及时调整了发展战略,主要市场由国外转向国内。广州、成都、武汉、苏州等大中城市的轨道上,都渐渐出现了"中博造"的配件。

注重研发,是中博能够持续在国内市场"开疆拓土"的关键。"2012年,公司联合西南交大成立'轨道扣件研发与检测中心';2013年,公司被确定为'江苏省轨道交通扣件工程技术研发中心';2014年,公司被确定为'江苏省科技型中小企业'。公司在扣件方面,已获得国家专利20多项。"林义博告诉笔者,"现在,中博的产品包括各类型号的普速弹条扣件、地铁弹条扣件、有轨电车弹条扣件、高铁扣件、盾构管片螺栓、钢轨连接螺栓等。"

一路"进击"的中博,那几年迅速壮大。2014年,公司净利润同比增长高达507.57%。

做"一带一路"倡议践行者

"我最崇敬的人是任正非。"林义博语调平静,"在世界钢轨扣件领域,我们要做第一。"

这当然不是一句大话。在国内钢轨扣件领域,中博的排名已经是前三。2016年,中博销售额达2亿余元,同比增长46%。国际上,中博依靠前期积累和近几年的拓展,取得的成果也颇为耀眼。

"我们的产品不仅在国内通过了中铁CRCC、台铁、港铁的认证,在海

外也通过了美国 UP、BNSF,瑞士国铁 SBB,瑞典国铁,泰国国铁 SRT,菲律宾国铁 PNR 等 60 多个国家与地区铁路机构的检测和认证。"林义博告诉笔者,"目前,美国是我们最大的海外市场。中博制造的夹板螺栓在美国市场占有率达 60%。"

"最近,借'一带一路'的东风,我们准备在哈萨克斯坦建设一条生产线。在泰国和伊朗,我们正在申请铁路市场认证。"林义博表示,"而我们与匈牙利企业合资建设的弹条生产线,早已投产。可以说,响应国家'一带一路'倡议,我们是冲在前面的。"

另外,随着传统制造业的红利期渐去渐远,中博的经营环境发生了较大变化,林义博意识到,是时候再次调整发展战略了。"我们正在积极转型,力争由产品供应商转变为技术解决方案供应商。"林义博说。

为给转型储备人才,中博格外注重招聘,甚至为此将部分业务转移到了市区的国信大厦,以增强对人才的吸引力。"毕竟,只在沙溪镇工业园区办公的话,许多优秀人才不愿意过来。"林义博表示,现在中博已经组建起 20 多人的研发团队,并继续与相关高校开展合作。

虽然前路漫漫,但林义博干劲十足。"有一次,我在美国乘火车,得知铁道上采用了中博制造的产品,当时我心里涌现出的那种自豪感,无以言表。"他表示,对未来自己信心满满,"世界第一"这幅宏图,他将用一生去全力绘就。

(□王俊 文/图)

贴上一层神奇的膜,玻璃秒变显示屏,奇纬在太仓造出"智能视窗"——

毕重生:十年磨出光电材"一剑"

最初的梦想,成为十年的坚持。进入光电显示材料的十年间,时而疾风骤雨,时而柳暗花明,毕重生和两位原始合伙人矢志钻研,迎难而上,成功打造出一种世界上独一无二的直贴产品。

2010年上海世博会台湾馆天灯玻璃帷幕提供商,2015年代表江苏省参加全国文创大赛,2015年深圳文博会江苏馆显示材料提供商,2016年台北故宫项目荣获国际五项大奖……一连串的惊艳亮相,诠释着国安奇纬的产品传奇。"甚至连周杰伦的演唱会都用过我们的产品呢。"国安奇纬光电新材料有限公司董事、副总经理毕重生告诉笔者,"公司已迎来产品的爆发周期,发展驶向快车道。"

央企入股

2017年8月1日,中信国安正式入股奇纬光电,奇纬光电新材料(中国)有限公司更名为国安奇纬光电新材料有限公司,成为央企中信国安旗下的一员。从奇纬光电总经理到国安奇纬董事、副总经理,毕重生身份转变的背后,是公司更广阔的发展前景。"公司于3年之内在沪深IPO上市的计划已写上日程。"毕重生表示,央企中信国安入股奇纬,可以在资金、资源、市场开拓方面给予奇纬全方位支持,加速公司产品的普及。"我们已在北京设立办事处,以便更好地与母公司中信集团对接。以后还会成立一系列相关子公司,负责市场运营、物联网、O2O等方面的运作。"毕重生介绍说。

国安奇纬致力于玻璃显像的研发和终端应用,公司前身奇纬光电股份有限公司于2014年入驻太仓,成立奇纬光电新材料(中国)有限公司,成为科教新城重点扶植的高科技公司。以绿能、节能、智能的新材料为基础,结合多媒体数码科技和云端科技,国安奇纬将进一步在玻璃显像、虚实整合、结合互动、完整的服务方案四个方面,推进公司玻璃显像技术在更广范围的应用。

神奇的液晶膜

只要在玻璃上面贴一层神奇的膜,就能让玻璃幻化出全透、半透或不透的各种形态。加上一台投影仪,还可以秒变屏幕看电影,甚至实现各种体感互动和触控操作功能。

类似科幻片里的场景,早已在国安奇纬里得到实用化。毕重生告诉笔者,这张膜虽然最薄只有0.5毫米厚,但里面却填充了大量的液晶分子。利用液晶的光学特性,断电状态下,其间的高分子液晶材料无序排列,光线无法穿透薄膜,这时看到的效果便是乳白色的不透明状态;通电状态下,电场作用让薄膜中间的高分子液晶材料有序排列,可使光线透过薄膜,这时看到的效果便是透明状态,继而可以显示各种影像。

笔者在国安奇纬的会议室看到,一块普通的玻璃,通电后即刻变成了一个显示屏,清晰度和液晶电视不相上下。"随着量产规模的进一步扩大,我们产品的性价比将越来越突出。"毕重生介绍,"公司的智能视膜产品不受尺寸限制,环境适应性好,已在多个领域得到应用。2017年8月,公司刚刚完成了太仓市公安局大数据指挥服务中心的12米投影大屏的建设。"

冰心说:"成功的花,人们只惊羡它现时的明艳。然而当初它的芽儿,浸透了奋斗的泪泉,洒遍了牺牲的血雨。"国安奇纬的这张膜让人大开眼界,背后却充满着艰辛的故事。2002年,吴永隆和毕重生两位合伙创办奇纬股份有限公司,2007年公司转型到光电显示材料领域,推出贴式薄膜,并且可反复粘贴,利用液晶的光学特性,实现了薄膜的光电功能。但作为一个新兴事物,市场接受和用户教育需要一个过程,公司的产品一度销售不佳。两位创始人花了3年时间,调整公司的发展思路和商业模式。吴永隆和毕重生一直坚信,玻璃显像领域存在着诞生巨无霸企业的潜力。

事实的确也是这样。如今,国安奇纬的市场越做越大,产品也在不断进行迭代。"我们已经将产品的安全电压做到36V以下,全行业最低。"毕重生告诉笔者,"公司已参与产品国家标准的制定。"

让产品覆盖更多玻璃

仅仅做一张膜,显然不是毕重生理想的全部。他和国安奇纬还有着更大的梦想。公司产品已衍生出 S-Film 智能视膜、S-Window 智能视窗、S-Box 智能一体机等多个品类,商业模式也已经渐渐清晰。

任何透明玻璃都能轻易地贴上"智能视膜 S-Film"变成"智能视窗 S-Window",继而成为一个具有多媒体显像功能的电子产品,实现窗户即电视、电视即窗户的功能,充分融入空间设计的美感,可以应用到电子窗帘、绿色建材、媒体橱窗上面,成为新一代媒体产业的掘金利器。

S-BOX 智能一体机则更进一步,结合触控和交互功能,让消费者和商家玻璃展示柜产生双向互动,为消费者创造出虚实整合的奇幻体验。国安奇纬的一个展示实例显示,当一个人经过一块商业橱窗,橱窗上正在播放轿车广告。感兴趣的人可以走上前来,此时,玻璃上就会由播放广告变成出现一辆虚拟轿车,跟随人的举动变化展示不同的形态。如此一来,商家就可以通过一块玻璃,全方位地将产品的外形展示给逗留在橱窗前的人。

毕重生告诉笔者,在中信集团的支持下,国安奇纬将围绕 S 系列产品建立健全全国营销网络,向公共空间、银行、餐厅、服饰店、楼宇等方面进军,让公司的产品覆盖到更多的玻璃之上,引领一场绿色、科技相结合的现代生活变革。

作为科教新城重点扶植的高科技企业,落户太仓后,国安奇纬得到了快速发展。毕重生透露,公司百万平方米生产量的车间已在规划建设中,未来总部大楼、研究院、生产中心都将继续设在太仓。谈到未来的发展图景时,毕重生信心满满:"智能手机的诞生让大众成了'低头族',而国安奇纬玻璃显像产品则有望创造一个新的'抬头族',也就是人与玻璃之间的交流互动。"

(□王硕 /文 姚建平/图)

帮助企业通过互联网平台走出去,到更大的市场上去搏击竞争——

张娜:走出阿里巴巴 "保育"跨境电商

企业间的竞争日趋激烈,国内外市场"两条腿"走路成为各企业普遍的选择。然而,内资企业步入国外市场的过程中,常常面临各种各样的困难。从2011年开始,张娜就来到太仓,目的是帮助企业通过互联网平台走出去,到更大的市场上去搏击竞争、谋求发展。

园区里有一盏长明灯

在太仓市科技创业园主楼,有两间办公室的灯经常亮到晚上八九点钟。员工们忙着分析整理资料,负责人的办公室内仍有宾客造访。这里是阿里巴巴太仓跨境电商服务中心,从早到晚一心扑在工作上,是张娜和她的团队日常工作的写照。

由于工作特性,白天员工们几乎都出去了,他们在太仓各地的企业走访、服务。很多企业希望并期待他们能够经常上门。因为跨境电商服务中心的员工带来了拓展海外市场的新思维、新模式,很多时候他们甚至是从外贸人员招聘培训、外贸业务流程管控等具体层面,手把手地教授企业如何做外贸。

对于张娜而言,每天同样安排得满满当当的。除了约访客户外,帮助客户对接外贸从业人员、组织开展贸易业务交流等,忙得她鲜有休息时间。夜幕降临,员工们伏案工作时,常有企业老板敲开她办公室的门。这些企业负责人利用下班后回太仓的时间间隙,特地来到园区,目的就是和张娜聊一聊企业的外贸形势。

"相对来说,太仓外贸人才交流圈有些封闭,我们服务中心就是为大家搭建这样一个开放平台。"张娜说。因此,跨境电商服务中心常常是园区最后一个熄灯结束一天工作的单位。

随阿里巴巴结缘太仓

张娜是陕西人。不过,她说自己和太仓很有缘分。

大学毕业后,她进入实习单位,了解到外贸的相关知识。这个足不出户就能跟全球各地人接触的职业深深吸引着她。一心要往南方跑的她,很快在阿里巴巴找到了自己的职位,成为阿里国际部的一员。

当时,阿里巴巴搭建了平台,国内供应商可以在阿里巴巴的网络平台上开设店铺,进而获得订单,把产品卖到海外去。由于平台需要推广,且跨境电商业务涉及诸多复杂流程,阿里巴巴在各地设立了服务机构。

"我是 2011 年 4 月份进入阿里巴巴的,5 月份就来到苏州分公司,太仓就是我服务的区域。"张娜说。她的第一个落地项目就在太仓。后来,即便是办公地点在苏州,但是张娜整天跑市场,且大多数客户都在太仓,所以太仓许多大街小巷、大小企业都留下了她的身影。

在张娜的开拓和服务下,太仓不少企业家开启了外贸航程。至2016年上半年,张娜的客户达到六七十家之多。

就在此时,阿里巴巴又开始了一项新布局,即设立跨境电商服务中心,深耕当地市场。"太仓距离苏州比较远,服务响应速度还是显得有些慢。"有过多年的服务经历,张娜十分赞成阿里巴巴在太仓设置服务中心。不过,服务中心组建方式让她稍稍有些犹豫。阿里巴巴鼓励员工离职,以外部合伙人的方式共同运营服务中心。

张娜理解公司的初衷:一味地铺点设摊、增加人手只会增加企业负担,实现本地化的服务最好依托本地伙伴。为了让阿里巴巴的服务不打折,阿里巴巴希望深谙阿里文化的员工扛起重任。

然而,对于员工来说,身份转变意味着他们要开始创业,不再依偎在阿里巴巴这棵大树下,需要独立承担经营风险,自然压力更大。

最终,张娜决定拿下太仓服务中心这个项目。"从道义上,太仓这方市场培育了我,我应该反哺太仓。"张娜说,"从另一方面来看,太仓市场的跨境电商潜力十分可观。"根据张娜的考量,太仓外企多,许多内资企业为外企配套,很多产品适合做外贸,而现实的情况是,太仓外贸市场还未得到充分挖掘。

2016年,大眼睛(苏州)网络科技有限公司成立,和阿里巴巴合作,太仓跨境电商服务中心开始运营。

和本地企业一路走过

陪伴太仓跨境电商一路走来,张娜对太仓充满感情。

张娜刚踏上太仓的土地时,阿里巴巴的知名度并不比现在。很多老板甚至都不知道阿里巴巴。张娜不厌其烦地向企业负责人介绍什么是跨境电子商务,阿里巴巴在国际贸易中提供怎样的服务。

一开始,和企业负责人约访常常不通畅。张娜通过前期资料收集,了解到一些企业具有做外贸的潜力,和老板电话联系时,被认为是单纯地推销产品,被挂断电话成为常有的事。不过很快,张娜和老板谈企业市场、谈市场发展、谈同类客户进军海外市场的情况,引起了老板们的兴趣,她以提前做足的功课,敲开了很多企业的大门。

业务拓展了,各种事务接踵而来。很多企业负责人认为,既然买了阿里巴巴的服务,阿里巴巴就应该为企业带来订单。事实上,从购买网络店铺平台,到产品展示、客户接待、货物发送、订单完成是一个复杂的过程,其中还涉及报关、退税等众多专业的业务流程。但许多企业老板当上了"甩手掌

柜",一切都交给张娜。那时候,张娜比老板还着急,帮助招聘面试人员、培训外贸业务知识等。她总是在企业负责人耳边催促,要尽快建立企业自己的外贸团队。

由于从苏州到太仓路程较远,不少企业经常为张娜提供落脚休息的场所,让她感受到太仓的温暖。经过共同努力,一些企业从外贸业务中拓展了市场,获得收益,更多的企业负责人转变了思想观念,张娜更是成为他们的"座上宾"。太仓跨境电商企业也从涂布机、胶粘、铜管等行业不断扩大,越来越多行业的企业通过"互联网+"走向海外。

下气力营造跨境电商生态

近两年来,跨境电商发展环境越来越好。太仓跨境电商服务中心运营以来,张娜腾出更多精力,积极在太仓打造良好的跨境电商生态。

笔者采访当天,张娜刚刚为我市一所学校国际贸易专业新生做完讲座。她通过阿里巴巴制作的《畅想2019年电子商务工作》的短片,给学生们展示了未来工作的现实场景,告诉他们3年学习中应该如何做好规划。

平时，像这样的讲座或交流会频繁开展，对象不仅是学生，还有外贸从业者、企业负责人等。阿里巴巴总部也会派出讲师前来授课，内容涉及外贸人员业务培训、外贸市场行情等方面。"太仓有很多喜欢学习的老板，我们还组织过太仓企业家一起去阿里巴巴总部学习。"张娜介绍说。

张娜介绍，阿里巴巴致力于为跨境电商做优服务，比如阿里的大数据系统，可以为客户提供比较准确的产品行情分析，改以往的"我有什么我卖什么"为现在的"市场上需要什么，我可以去生产什么"。通过数据分析，让企业的决策更加准确、科学。

跨境电商服务中心的深度服务取得了明显成效。目前太仓企业在阿里巴巴开设了近150家店铺，有的一家企业根据不同市场分别开设店铺。与此同时，还有约300家"在路上"客户，即目前尚未在网上注册开店，但已经在接受线下服务的客户。

"现在很多客户会为我们推荐新客户，我们则希望花更多的精力，把现有的客户服务好。"张娜表示，希望通过做优服务，让大家都能看到跨境电子商务的发展趋势，他们将为外贸从业人员、电子商务企业提供良好的交流与服务平台。

(□戴周华 文/图)

一睁开眼睛就进入工作状态。他带领团队开发出了针对网络直播的推流软件——

顾真源：走在 IT 极客的路上

走进苏州倾爱娱乐传媒有限公司 CEO 顾真源的办公室，三张显示大屏背后的一张行军床非常显眼。"我喜欢一睁开眼睛就进入工作状态。"顾真源说，"为了节省时间和加快工作进度，我经常吃住在公司。"老板的投入也感染了公司员工，倾爱传媒成为太仓大科园整个园区里关灯最晚的公司，很多时候凌晨两三点还有人在加班。

创业公司的节奏非常快，顾真源在与笔者的交谈中，对公司员工的工作态度不吝溢美之词："非常感谢团队的付出，自己也越发感到对这帮兄弟姐妹的个人发展有了更大的责任。"

程序员创业为追梦

1998年,18岁的南通IT少年顾真源只身远赴美国加州大学新加坡分院学习IT管理。在这之前,小小年纪的顾真源在国内互联网安全圈已经小有名气,并作为受邀嘉宾参加了中国首届互联网安全大会。

南洋4年,顾真源对互联网前沿技术的理解更加清晰。2001年毕业后,顾真源来到北京,在一家从事石油贸易的央企担任IT主管。2003年"非典"时期,顾真源回到家乡江苏,在南京创办了自己的公司,从事当时很火的短信SP业务。3年后,由于行业大环境的变化,加之自己作为一个程序员在市场运作方面天生有短板,公司的业务运营出现了困难。此时,家人认为创业太辛苦,要求顾真源回归到家族相关的建筑生意。虽然建筑生意与自己的爱好没有多大关系,但5年的历练,每月经手数千万元的现金流,经常在材料供应商和开发商之间周旋,也让顾真源对公司管理有了更深的体会。

2010年,微博兴起,时刻对互联网发展前沿保持关注的顾真源感觉机会来了,果断再次回到南京,一个人开始了微博应用的开发。腾讯微博上的NBA观众投票系统、内嵌长微博功能都是顾真源的作品。"腾讯微博有时候下的任务非常突然,要求的交付时间又非常紧,但我总能按时保质保量完成,所以腾讯微博把更多的应用外包给了我来做。"顾真源告诉笔者,"当时,腾讯微博上与奥运会相关的80%的应用都是我自己一个人开发的。"腾讯微博、新浪微博上100余种应用的出色开发,让顾真源获得了腾讯和新浪官方的认可。顾真源先后获得新浪微博应用开发大赛一等奖、腾讯大讲堂讲师、2013腾讯年度最佳合作伙伴等荣誉。

电竞直播任驰骋

2012年,移动互联网快速普及,顾真源成立公司进入手游领域,并陆续开发了几款游戏。但手游领域的发行门槛非常高,中小开发者面临的困难超出了顾真源之前的设想。公司在 2014 年遭遇困境,连续 8 个月发不出工资。"令我非常感动的是,公司的创始团队,除了一个人回老家结婚,没有一个人在这时离开。"手游虽然没做成功,但顾真源却自然而然地将公司业务切到电竞直播领域。"我自己非常喜欢游戏,特别是益智类、策略类的游戏。"顾真源说,"我自己有时就会在直播平台上解说《英雄联盟》的玩法。"2015 年年初,公司成为第一批入驻龙珠直播平台的公会团队之一。也是在这一年,顾真源和朋友来太仓玩,和 PLU 公司副总裁徐强进行了深入交谈,并最终下定决心将公司整体搬迁到太仓。

入驻太仓之后,倾爱传媒迎来了快速发展。目前,倾爱传媒旗下已拥有倾爱游戏直播、倾爱娱乐直播、倾爱女子电竞战队等机构,是腾讯旗下龙珠平台的第一直播机构,旗下签约主播近 1000 名,活跃主播 200 余名,业务涉及软件开发、艺人培训、直播管理、市场运营等多个领域。"非常感谢大科园和相关职能部门的各种支持,在我们成长初期给了很多的帮助。"顾真源介绍,目前公司员工月收入大都破万,获得的分红越来越多,自己也获评 2016 年太仓宣传文化人才。

"公司非常重视对新人的培养,对每个新员工都会有一对一的贴心服务。"顾真源说。为了帮助更多热爱直播热爱电竞的年轻人,顾真源又成立了倾爱电竞众创空间。倾爱电竞众创空间的定位是为泛娱乐创业者提供全方位服务、解决创业者后顾之忧的专业运营商,旨在构建一个打通游戏、文学、动漫、影视、戏剧等多种文创业务领域的互动娱乐新生态,向创业者提供各种类别、不同程度的基础服务。这些基础服务包括但不限于:培训辅导、融资对接、活动沙龙、财务法务顾问等,也帮助初创企业进行鼓励、补贴的政策申请,并通过与第三方合作的方式提供工位注册的工商服务等。"通过我们的资源输出,孵化更多的业内公司,吸引更多的年轻人加入到这个新兴的行业中。"顾真源说,"倾爱众创空间的目标是构建中国最权威的文创小微企业价值发现平台和中国最专业的'四众'(众创、众包、众扶、众筹)支持平台。"

展望未来壮志多

在顾真源看来,电竞的发展还处于非常初期的一个阶段,商业模式也并不清晰。但也正因为如此,这个领域蕴藏着很多机会。顾真源说:"倾爱的最大优势就是技术优势,有着自己带出来的一帮程序员团队。虽然我已经不在一线写程序了,但我仍然每天浏览开源网站、技术网站,了解最前沿的互联网技术发展趋势,这已经和每天看朋友圈一样,成了我的习惯。"

目前,倾爱传媒孵化的团队开发出了针对网络直播的推流软件,受到了客户广泛好评,将逐渐推广到所有的直播平台。同时,倾爱传媒还研发出了多款针对主播和观众进行互动的在线小游戏,更多地为电竞行业提供技术配套服务。

此外,倾爱传媒利用签约艺人较多的优势,开始发展艺人经纪业务,与电影发行机构合作进行电影推广。2017年,《建军大业》上映时,就和倾爱传媒进行了深度合作。"我们要在泛娱乐行业发展得更加深入。2018年,在之前较好合作的基础上,电影宣发这块,我们与影片发行公司、制作公司会有更多动作。"展望未来,顾真源豪情满怀信心满满。"天镜湖电子竞技小镇已经获评国家级运动休闲特色小镇,这对大科园的电竞企业来说是一个利好消息。"顾真源告诉笔者,"目前,倾爱传媒已经和情久传媒、PLU等公司发起成立了太仓电竞协会,预计年底前完成筹备工作。通过整合资源,协会将为电竞从业企业和个人提供更多支持和服务,一起为电竞小镇的发展壮大贡献力量。"

(□王硕/文 姚建平/图)

开出5家连锁店,服务众多的妈妈与宝宝——

周玲:与母婴用品结缘20年

20世纪末的一次转岗,让她开始接触儿童用品。此后,不管是第一次创业,还是创业失败后的再就业,她打交道的都是母婴用品。有了这样的积累,她第二次创业理所当然选择了这个行业。现在她的母婴用品连锁店已经有了5家,为数不清的妈妈与宝宝提供了服务,在太仓也有了一定的知名度。她就是周玲,一个与母婴用品结缘20年的女老板。

第一次创业,败在"经验不足"

老太仓人都知道太仓的人民南路曾经是一个"纺织大世界",仅规模较大的纺织类企业就有布厂、二棉厂和经编针织厂等三家,20世纪八九十年代曾经兴旺一时。此后,随着行业的衰落和企业的转制,这些企业风光不再。

周玲曾是经编针织厂的职工,20世纪末,随着工厂的转制,她到了一家商场做销售,在商场的三楼卖起了儿童用品,包括儿童玩具、童车、童床等。因为工作努力,很快她就当上了柜组长,对儿童用品的经营也更加熟悉。2000年,周玲开始了第一次创业,她选择了自己熟悉的儿童用品。

很多人创业往往是开头难,渐渐地生意会越来越好。可能是周玲对这个行业很熟悉,所以第一步走得出乎意料的顺利,反而是后面遇到了难以解决的困难。

"开店第一年生意就特别好,好到进货、发货都来不及!"周玲边回忆边告诉笔者,当时她选择与一个厂家合作,专卖童车,专卖店就开在武陵街中心菜场边上,因为市口好,销售的童车本身品质也好,而且有一定的知名度,在太仓又只有一家,所以卖得特别好。

没想到第二年,就有人在不太远的地方开了一家同一品牌的专卖店。随着竞争的展开,对方打起了价格战,把利润压得越来越低,后来卖一辆童车只能赚一二十块钱,加上房租、店员工资,明显是赔本赚吆喝了。

眼看着生意实在做不下去了,等到3年的店面租期到期后,周玲无奈地选择了关店,草草结束了第一次创业。

周玲说,第一次开店失败,主要是自己没有经验,后来才知道,开这样的专卖店,都应该和厂家签订协议,明确在太仓只能由自己一家来代理经营,当时如果这样做了,就不会因为后来的价格战而失败了。

占先机强管理,连锁店开到5家

第一次创业虽然失败了,但也为周玲积累了创业经验,并且带来了第二次创业的机会。

周玲告诉笔者,在经营童车专卖店的时候,她认识了一家名为"婴之爱"的母婴用品商店的老板,等到她的童车店关门后,这位老板请她去帮助管理商店。半年后,这位老板不想再做这一行了,有意把店转让给她。

当时,太仓只有两家母婴用品商店,而周玲觉得这个行业比较有发展前景,自己对行业又很熟悉,是一个现成的再创业的机会,于是决定把店接手过来。

周玲的判断很正确,此后的几年中,这一行业迅速发展,现在这样的母婴用品商店越来越多,而周玲也占据了发展先机。目前,周玲的"婴之爱"母婴用品商店已经有了4家,另外还有1家小阿华母婴用品商店,主要经营婴儿食品、婴儿服饰、孕产妇服饰、婴儿车床、床上用品、喂哺用品、洗护用品、婴儿玩具等,同时也开展婴儿理发、洗澡、游泳等服务项目。

周玲的母婴用品连锁店经营发展得这样迅速,与她坚持"爱心、品牌、实惠"的经营理念有很大的关系,在商品的管理中,她特别注重"两个严格",一是严格把控所有商品的采购环节,坚持无假冒劣质商品;二是严格把关所有商品的生产日期,确保商品品质新鲜。

周玲告诉笔者,她的连锁店所有的商品都是由厂家或厂家授权的大经销商直接配送到仓库的,这样做一方面是确保产品品质,不会出现假冒商品;另一方面,因为少了中间环节,也能够降低一些成本。除了无假冒商品,她还要求每家店都确保商品的新鲜度,因此不管是她还是员工,都特别注重调货,比如,一种商品虽然在仓库里有货,但当在有的店里销售不太好,而那店里的存货生产日期比仓库中的更早一些时,会优先从那个店里调货,尽管这样比从仓库中调麻烦一些,但可以确保品质。

除了重品质外,周玲在经营中还很注重服务,比如提供试用婴儿奶粉及孕妇奶粉的冲调服务,帮助准妈妈们正确学会冲调方法;免费为新生宝宝提供理发、洗澡服务等;如果购买了婴儿床,店员还会上门安装。周玲说:

"这样做一方面是提供服务,同时也能够加强与妈妈、宝宝的情感联系,有利于后期的产品销售。"

经历两次失败,准备再上网购

最近几年,母婴用品行业也发生了明显的变化,一是随着开放二孩政策,市场越来越大;二是市场竞争越来越激烈,特别是线上销售对实体店的冲击很大。

周玲告诉笔者,大约在 10 年前,她就开始尝试网上销售,但是效果并不太好,如果把网上售价定得高,就没有竞争力,定得低了,又赚不到钱,毕竟她的店都是实体店,经营成本相对高一些,最后还是决定只做实体销售,靠服务来争取客户。前几年,眼看着网上购物发展越来越快,她决定再次尝试网购,连平台都做好了,但因为没有人手来经营,又半途而废了。

周玲说,现在她感觉到年轻的妈妈们越来越喜欢网购,实体店生意明显越来越困难,所以再次下定决心要安排专人开展线上业务,现在筹备的进度很快,应该很快就可以上线销售了。　　　　　　　　(□张立文/图)

设计研发出基于 EtherCAT 总线的高性能机器人控制器——

张家奇：逐梦智能制造

工业 4.0、工业互联网、AI、中国制造 2025,这些有关智能制造的名词越来越频繁地出现在人们的视野中,全球制造业的大变革时代已然来临。在激烈的竞争中继续保持优势,中国制造业需要与时俱进,在变革潮流中占据主动。

浩科机器人(苏州)有限公司总经理张家奇博士就很敏锐地把握到了下一代工业转型的方向,在机器人领域闯出了一番天地。

学术领域露峥嵘

1998 年,来自山东淄博的 17 岁少年张家奇考入青岛科技大学自动化系,从此与自动化领域结下不解之缘。本科毕业时,张家奇凭借优异的学术表现被保送本校研究生,从事人工智能研究。在此期间,张家奇发表了 5 篇论文,其中第一作者 EI 期刊论文 3 篇,完成了多种基于神经网络的分类器设计,也就是当下火爆的概念——"深度学习"的前身。

张家奇再接再厉,在学术的求索道路上没有停歇。2005 年,张家奇考取同济大学博士,开启了机器人的相关研究,主要课题是机器人行走控制。他应用神经网络和遗传算法,设计了一套机器人自主行走训练程序,大大提高了机器人行走速度,并缩短了训练时间,参加了多届 RoboCup 世界机器人比赛,曾进入四腿组八强。2007 年,张家奇获得国家第一批"建设高水平大学项目"资助,赴美国加州大学伯克利分校留学 2 年。在美留学期间,张家奇师从 M. Tomizuka(IEEE Fellow,即美国电子电气工程师协会最高等级会员,亦是该组织授予的最高荣誉),参与了帮助病人恢复行走的外骨骼设计,解决了行走协调性和稳定性的问题,取得了关键性技术突破。留学经历让张家奇感受到了名校风范,在学术上有了扎实的积累,在思想上萌发了更多的创新意识。回首这段留美往事,张家奇感慨道:"非常痛苦!有一种无形的压力,会让你时刻保持紧张。同时也非常快乐,每次回忆这段经历,内心总是感到喜悦和充实。"

2012 年至 2014 年,张家奇在上海交通大学机械与动力工程学院高峰教授课题组从事博士后研究。期间,他参与了国家 973 计划项目"核电救灾机器人的关键技术研究"、国家 863 计划主题项目"高性能四足仿生机器人关键技术研究"、国家重大工程项目"弱碰撞式对接机构综合试验台",在机器人领域的学术造诣更上一层楼。

创新创业开新篇

2010 年同济大学博士毕业后,张家奇曾在江苏启东工作了 2 年,担任江苏省启东经济开发区主任助理,负责招商引资。刚一到任,他就赶上了总面积10平方公里的"启东创新型经济园"的规划建设。在这个岗位上,张家奇有机会与各行各业的企业家交流,倾听他们的创业故事,助力他们的实业梦想。这段经历让张家奇对创业流程、创业环境与创业政策都有了很深刻的认识,自主创业的种子在内心逐渐萌芽。

随后,在上海,张家奇与私人老板合作技术入股,担任公司总经理,开始了自己的第一次创业。公司的主营业务是工业机器人系统集成,在张家奇的带领下,公司在5个月内,从1个人发展到10个人,申请了5项发明专利,3项软件著作权,签订合同金额300余万元。商场上小试牛刀之后,张家奇被太仓的人文和经济环境吸引,拉着几个核心人员来到太仓大学科技园,于2016年7月成立了浩科机器人(苏州)有限公司,开启了新的创业历程。

"我认为创业还是要有一定的积累。我长期在学校学习,毕业后在政府、高校、上市公司都工作过。每一段工作都有不同的感受和收获。如今,我最终选择了自主创业这条路,也算是把前期的积累都用上了。"张家奇告诉笔者,"政府工作让我理解了政策方向,高校工作让我获得了最新技术,企业工作让我学会了管理流程。"在浩科成立之初,张家奇就为公司制定了创业、创新、创收的"三创"企业文化,以"创业"为基调,艰苦奋斗,一步一个脚印;以"创新"为动力,开拓进取,逐渐发展壮大;以"创收"为目标,回馈社会,引领行业发展。当年,张家奇同时拿到了"太仓市领军人才计划"和苏州市"姑苏人才"计划支持,在太仓大科园引起了不小的轰动。在浩科的发展过程中,张家奇结合第一次创业的心得,调整了创业思路,把机器人控制器作为主打产品。

跨越发展正当时

目前,中国工业机器人市场发展迅速,已经成为全球第二大应用市场,同时,中国机器人市场增长速度也远高于全球市场。控制器是机器人的大脑,它根据指令以及传感信息控制机器人来完成一定的动作或作业任务,控制器的好坏直接决定了机器人性能的优劣。机器人控制器提供弧焊、点焊、切割、喷涂、搬运、装配、码垛等工艺,广泛应用于汽车、食品、包装、激光等行业。要想推动我国工业机器人本体的突破性发展,就必须在机器人控制器这一核心零部件上有关键性的提升。

张家奇根据在控制系统方面的知识积累,设计研发了基于EtherCAT总线的高性能机器人控制器。该控制器采用目前欧系机器人的主流构架,控制性能优异,已实现了工业六轴机器人的精确位置控制。按照国家十三五规划,到2020年我国机器人保有量80万台,国产控制器的市场规模在30亿~40亿元,控制器技术已成为上市公司竞相追逐的香饽饽,浩科机器人(苏州)有限公司便是拥有独家技术的企业之一。目前,浩科已累计获得430万元的订单,同时有多家风投公司正在跟进。公司也已经与上海交通大学、上海商学院等院校建立了校企合作关系,招揽更多优秀人才。

成绩的背后,是张家奇带领团队无数个日夜连续奋战的结果,编程序、做测试,在公司熬夜是家常便饭。"创业如浪中行舟,要坚定信心,矢志不移。现在是快鱼吃慢鱼的时代,干事业最关键的就是要先人一步、快人一拍。"展望未来,张家奇踌躇满志,"我们将继续把控制器做细、做精,同时借助资本的力量,把产品迅速推广出去、占领市场。将来,我们会针对特定领域研发机器人整机,最终成为一家国内一流、国际领先的机器人整机生产商,加快提升太仓本地的智能制造水平。" (□王硕/文 姚建平/图)

放弃国企高管职务去创业,研发生产的摩擦焊接设备打破国外产品市场垄断地位——

姜洪权:用摩擦"焊强"人生

(右为姜洪权)

位于浮桥镇的苏州西岩机械技术有限公司,成立于2013年,是一家专业研发和生产先进摩擦焊接设备的装备制造企业。

西岩创始人姜洪权是太仓市引进人才、教授级高工,也是中国机械工程学会焊接学会压力焊专业委员会委员。2017年,恰好是他来到我市创业的第5个年头。

抉择,离开东北南下创业

"我是在南京读的大学,毕业后回到东北,就职于一家做焊接的国有企业。经过20多年锻炼,我从一线技术人员成长为总工程师。其间,这家国企进行了改制,我也持有股份,是董事会成员。"姜洪权告诉笔者。

姜洪权在这家老国企一直干到了2012年。那一年,他毅然决定,什么总工、董事、股份都不要了,他要去创业,从头开始。

"辞职主要缘于我的想法在那个平台上无法实现,我需要组建新的平台来实现自己的抱负。"姜洪权说,"西岩的主营业务虽然与我之前单位的主营业务一样,但技术路线不一样,西岩选择的是摩擦焊接路线。这个路线在我原来的平台上没有发展的希望,因为东北那边相当一部分国企经营观念比较陈旧,缺乏锐意进取的精神。我当时也给大领导做了很多工作,但最终没有成功。意见上的分歧和摩擦,让我决意辞职。当时的我,只有40岁刚出头,年富力强,还有很多事情可以做。"

年初辞职后,姜洪权来太仓考察过一次,感觉太仓的区位优势、政策环境都很好,适合创业。

"那天上午我到太仓后,拿着行李,坐公交车直接找到科技局,说出了自己的想法。科技局马上联络招商局,下午招商局的人就带我去各创业园走了一圈。我当场拍板,选定在留学生创业园成立公司。回去后,我递交了入园申请,不到一个月就批准了。2013年元旦过后,我再次来到太仓,注册成立西岩。这就是我来太仓创业的整个过程。"姜洪权告诉笔者,"创业艰难,在这个过程中,有关部门对我的项目支持力度很大。如果没有政府的帮助,我走不到今天。"

站稳,来自龙头企业的认可

西岩草创之初,除姜洪权外只有4名成员,他们共同构成了公司的核心团队。"这些人都是我以前单位的,我离职之后,他们也陆续离职。当我成立西岩并邀请他们加入时,虽然他们都已经找到了新的工作,但还是选择再次辞职,跟随我来到了太仓。"回忆起当年的创业经历,姜洪权显然对那几个"老弟兄"颇为感激。

2013年,姜洪权申报了"太仓科技创新创业领军人才计划"并获得通过,拿到了120万元的扶持资金。姜洪权和其他几位成员又凑了数十万元,顺利把摩擦焊接设备的研发工作搞了起来。当年他们就成功了,制造出2台样机。

据姜洪权介绍,所谓摩擦焊接,是一种固态结合焊接工艺过程,两个被焊工件做相对运动或旋转,在压力下对接,由于接触面摩擦产生热量,焊件材料从接触面塑性地相互渗透而融合,这种工艺过程不需要填料、焊丝和保护气体,接口处强度大于或等于母材。摩擦焊接以节能、省材、优质、高效、无污染的技术特点,已在航空航天、兵器、石油钻探、船舶、汽车及机器制造等领域获得越来越多的应用。

"摩擦焊接技术早已存在,我们研发的是新型摩擦焊机,主要针对汽车发动机气门。我们最大的优势是拥有高动态精度技术和高可靠性技术,将焊后精度行业标准提高了6倍,达到了国内领先、国际先进水平。"姜洪权说。

西岩的产品很快开始接受市场考验。2014年年中,西岩收获了第一笔订单,客户是国内一家汽车发动机气门行业龙头企业,他们向西岩下了2台摩擦焊机的订单。

"我们用了足足半年时间,精心打磨,于2015年年初将摩擦焊机交付。这家龙头企业拥有多个厂家生产的焊接机器,当时一对比,他们就发现西岩的产品是最好的,具有全自动、精密度高、可靠性高等优点。于是在当年年底,这家龙头企业向我们下了第二批订单,一下子订购13台摩擦焊机,订单金额超过500万元。"姜洪权介绍。

这两笔订单极大地提升了姜洪权的信心,对西岩站稳脚跟也起到了极为重要的作用。"它表明,在气门行业,我们的技术已经受到认可。况且有了订单后,就有了收入,能够'造血'了,西岩的正常运转有了基础。"姜洪权说。

壮大，打破国外产品垄断地位

技术立企，是西岩一贯坚持的原则。西岩十分重视研发，研发人员占了全部员工的一半；给予研发人员的月薪，至少在8000元以上。这家规模不大的企业，目前已拥有发明专利2项，实用新型专利7项，正在申请高新技术企业认定。

由于掌握核心技术，西岩的发展十分迅速。"去年，我们做了16台摩擦焊机，今年有望超过20台。2015年我们的销售额只有70多万元，去年突破1000万元，今年计划是1200万元，但实际上可以轻松突破1500万元。"姜洪权说。

据介绍，进口摩擦焊机的价格，至少是普通国产摩擦焊机的3倍以上。由于普通国产摩擦焊机技术水平不及国外，在中高端领域，国内企业采用的都是进口摩擦焊机。西岩走的是中高端路线，产品成本高，价格也较贵，但仍比国外便宜近一半。这就为西岩打破国外产品在国内市场的垄断创造了机会，西岩的产品已经开始替代进口产品。

"今年，气门行业排名前几名的企业都主动找到我们，洽谈合作事宜。我们都不用直接跑市场了，因为龙头企业的使用带来的口碑和效应，本身就是最好的广告。"姜洪权颇为自豪地说，"特别是，西岩的产品还实现了出口。今年4月，我们向伊朗的客户交付了产品，这是西岩的首笔海外订单。现在，伊朗客户已有意向再次采购，即将签合同。"

企业想要成功，必须看得长远。随着新能源汽车的市场份额越来越大，燃油汽车空间受到挤压，西岩意识到，是时候开发新的增长点了。

"我们目前已着手研发适合新能源汽车的摩擦焊接设备。这方面的国内技术尚处于空白状态，如果我们有所突破，发展前景将会很好。"姜洪权告诉笔者，"西岩的企业愿景是，成为全球最好的摩擦焊接技术服务商。"

(□王俊／文 计海新／图)

接收人体脉搏信号,分析被检测人的心理压力和疲劳指数,进行针对性治疗。他的公司自主研发出百余种这样的高端康复医疗类设备——

万永钢:研发世界一流医疗产品

(右为万永钢)

超声波治疗仪、脑电仿生电刺激仪、空气波压力治疗仪……近日,笔者来到位于浏河镇北部工业区的好博医疗器械有限公司,在该公司近千平方米的产品展厅里,百余种由企业自主研发的高端康复医疗类设备令人目不暇接。

该公司于2011年落户浏河镇,短短几年时间,公司的规模不断扩大,厂房面积由最初的700平方米扩大到目前的近万平方米,产值由最初的不到200万元增加到现在的近亿元,快速成长为国内医疗器械行业的一支生力军。而这一切的背后不得不提一个人,他就是公司的董事长万永钢。

一次误打误撞的求职
让他与医疗器械行业结下不解之缘

眼前的万永钢身材高大,显得十分健壮,今年只有41岁的他说起话来非常直爽,一点也不拐弯抹角。

"我做医疗器械这一行也是误打误撞。"万永钢说。万永钢来自新疆的库尔勒,父母都是建设兵团的普通工人。1998年,他大学毕业之后第一站来到了广州,这个经济发达的东南沿海开放城市给他留下了极为深刻的印象。在这里,他找了一份电子产品销售的工作。由于当年广州从事电子产品生产的厂家众多,市场上各种各样的电子产品也是种类繁多,竞争激烈,在这一行业里打拼的业务员极为不易。在坚持了两年之后,万永钢开始谋求新的出路。

2000年初,万永钢在一个朋友的介绍下来到了国际大都市上海,下了火车之后他身上的钱只剩下了400元。万永钢说:"在广州打工的两年间,并没有挣到什么钱,那个时候的工资本来就很低,每个月除去生活开销所剩无几。"在上海,万永钢做的第一件事是找一家便宜的旅馆安顿下来,然后就直奔人才市场。幸运的是,他很快就找到了一份业务员的工作,聘用他的是一家专业生产医疗器械的公司。也正是这次误打误撞的求职经历,让万永钢从此与医疗器械产品结下了不解之缘。曾经两年业务员的历练,加上来自骨子里的那股不怕吃苦、不怕挫折的品质,让万永钢在这个全新的工作环境中很快打开了局面。在这里的第3年,万永钢凭着出色的业务成绩被公司任命为浙沪大区的经理,负责管理20多名业务员。

工作日渐稳定,业绩也在不断上升,但生性要强的万永钢觉得这并不是他想要的生活。2005年,他向公司辞职,开始了艰苦的创业。当时,他在上海市嘉定区注册了一个专门经营医疗设备的贸易公司。创业,说起来简单,但真正做起来又谈何容易。"创业最初的日子无法形容,一间很小的办公室,加上我在内一共只有两个人,每天都是在外面跑客户,吃饭也是有一顿没一顿。"万永钢说。虽然很辛苦,但他一直用顽强的毅力在坚持着。

创业初期的被骗经历并没有把他击垮
如今公司的产品已遍及全国近万家医院

就在万永钢的贸易公司刚刚起步的时候,一次意外打击差点让他"爬"不起来。创业的第二年,万永钢的贸易公司接到了一个大单,一家民营公司准备向他订购一批医疗设备,总价值达40多万元。这个单子对于彼时的万永钢来说意义重大,如果能够谈下来就意味着公司可以赚上一笔,把之前的亏损全部填补上。小心谨慎的万永钢专门到对方医院进行了一番考察,虽然还在建设当中,但规模比较大,十分满意的万永钢立即和对方签订了合同。因为希望今后还能做这家医院的生意,万永钢在和对方签合同时表示可以先发货再付款。

就在公司把首批5台设备发给对方之后,令万永钢不敢相信的事情发生了。他在拨打对方负责人的电话时,竟然一直关机。这是怎么回事?虽然人联系不上对方,但他的医院还在啊。万永钢赶忙来到对方的医院。可是到了那里之后,他傻眼了,原来这家医院和签合同的那个人没有任何关系,那个人就是个骗子,他只是把万永钢带到人家的医院转了一圈。急于谈成生意的万永钢没有想到,这是对方设好的一个骗局。5台设备价值10万元,虽然不是很多,但对于万永钢这个刚刚起步的公司来说却是一笔大数目,公司的经营也因此变得更为艰难。痛定思痛,万永钢没有因为这次打击而一蹶不振,他充分吸取了这次的教训,重新开始自己的事业。在他的努力下,公司在2006年实现了销售100多万元,到了2010年更是实现了销售1700多万元。

虽然销售额越来越多,但毕竟只是一个贸易公司,此时的万永钢又做出了一个重要决定,他准备将公司业务从贸易型向研发生产型转变。说干就干,做事坚决果断的万永钢把目光投向了浏河镇。2011年4月,苏州好博医疗器械有限公司在浏河镇北部工业区正式成立并投产。

万永钢介绍,公司刚开始只能生产两种医疗设备,一种是中药熏蒸机,另一种是脑电仿生电刺激仪。由于不断致力于科技创新,公司与上海、常州、桂林等地的一些高校进行产学研合作,联合攻克技术难关,公司的产品已经从最初的2个增加到目前的16个系列近百个。目前,公司产品遍及全国近万家医院,在国内具有一定的知名度。

不断加大创新研发力度
增强企业产品的市场竞争力

在公司的产品展厅,万永钢指着一款产品向笔者介绍道:"这叫体外反博治疗仪,是一款治疗心梗疾病的仪器,与上海市第一人民医院一起研发而成。"笔者了解到,这个仪器采用了目前世界上最先进的技术,通过接收人体的脉搏信号,然后系统根据这个信号来测试人的心率变异值,从而分析出被检测人的心理压力以及疲劳指数。仪器再根据这些指数,对患者进行针对性的治疗。

公司推出的冲击波治疗仪是研发人员历经3年才研发成功,该产品利用压缩空气输出机械能,通过控制手柄,将高能量传递到肌肉疼痛点、纤维组织、急性或慢性炎症的软组织,从而起到镇痛、加速愈合、促进再生和修复、促进肢体功能恢复的作用,因为产品特点明显,受到了广大医院的一致好评。此外,该公司研发的吞咽功能障碍治疗仪是一种电疗设备,主要用于咽部非机械原理损伤引起的吞咽障碍治疗及训练,具有无创、方便、安全等优点,该产品上市之后,凭借较高的技术含量,很快赢得了市场。

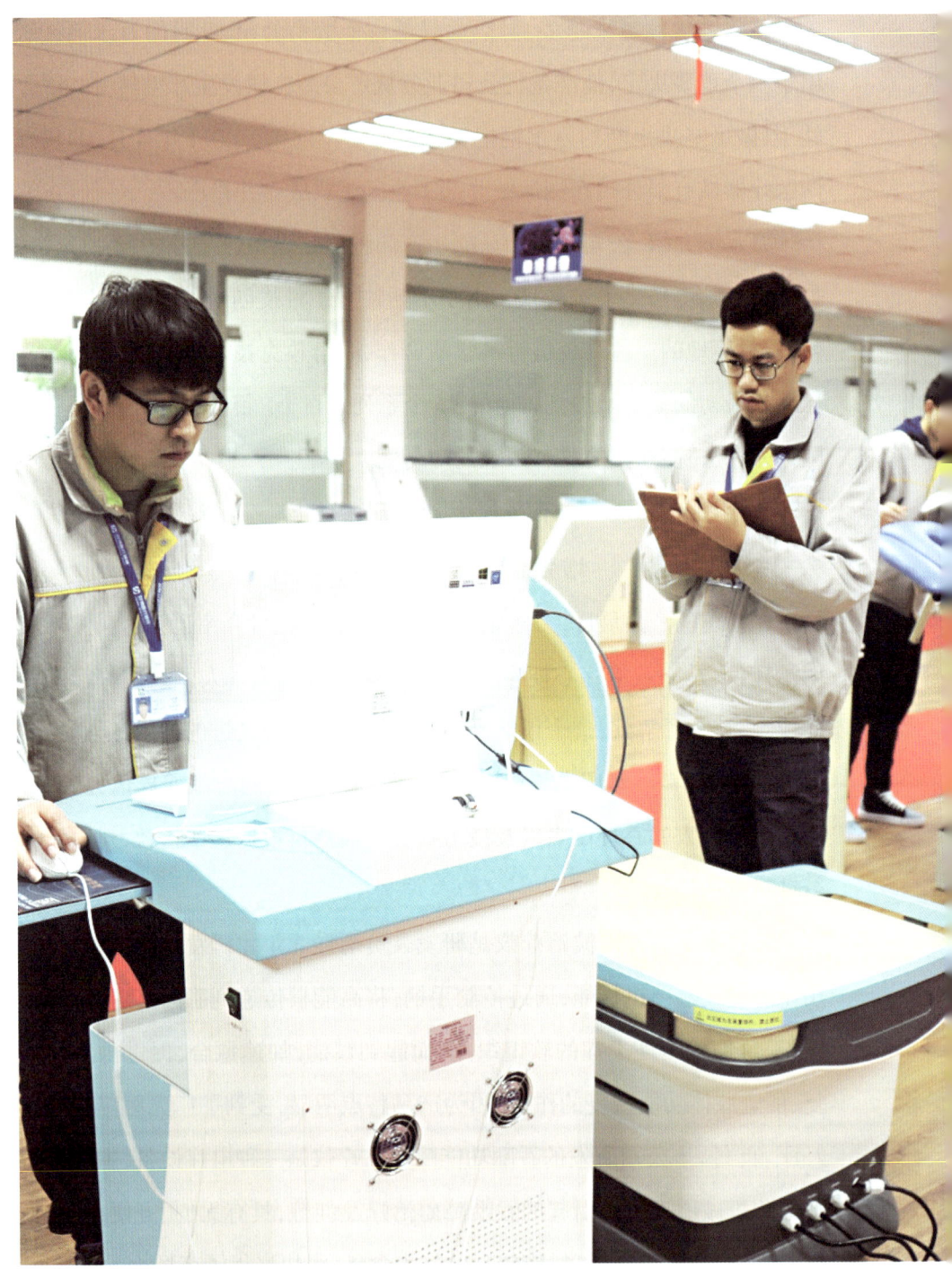

笔者在采访中发现,好博医疗器械有限公司与一般企业有着很大的不同,公司的员工总数为210名,但技术研发人员占到公司总人数的30%。万永钢坦言:"创新,是公司发展最主要的动力。我最注重的是创新,投入精力最多的是研发。"由于强大的研发投入以及紧贴市场的科研模式,好博医疗器械虽然进入市场较晚,但很快确立了竞争优势。几年来,好博医疗器械与上海理工等国内知名大学开展产学研合作,并与上海知名医院的临床专家对接,共同研发了多款产品,均取得了医疗器械注册证,且获得多项国家专利。据了解,该公司每年都有研发的新品上市。为了进一步拓展海外市场,公司还专门成立了外贸部。

万永钢介绍:"公司产品凭借强大的技术支撑,市场销售始终呈现出一个非常好的态势。医疗器械行业正处于快速增长期,目前正在向技术创新、产业升级的方向发展,从低端传统制造走向中高端科技创新,以技术换代升级取得产品市场优势。"

笔者了解到,好博公司在万永钢的领导下,先后获得江苏省高新技术企业、江苏省民营科技企业、江苏省科技型中小企业、江苏省医疗器械生产企业诚信单位等多个荣誉。目前,公司又在浏河镇的西部工业区拿了一块地,新的厂房即将破土动工。

万永钢表示,他们将不断加大创新研发力度,在增强企业产品市场竞争力的同时,研发生产出世界一流的医疗产品。

(□薛海荣/文 计海新/图)